ロンドンＦＸ物語

柳基善（ユウ・キソン）

Pan Rolling Library

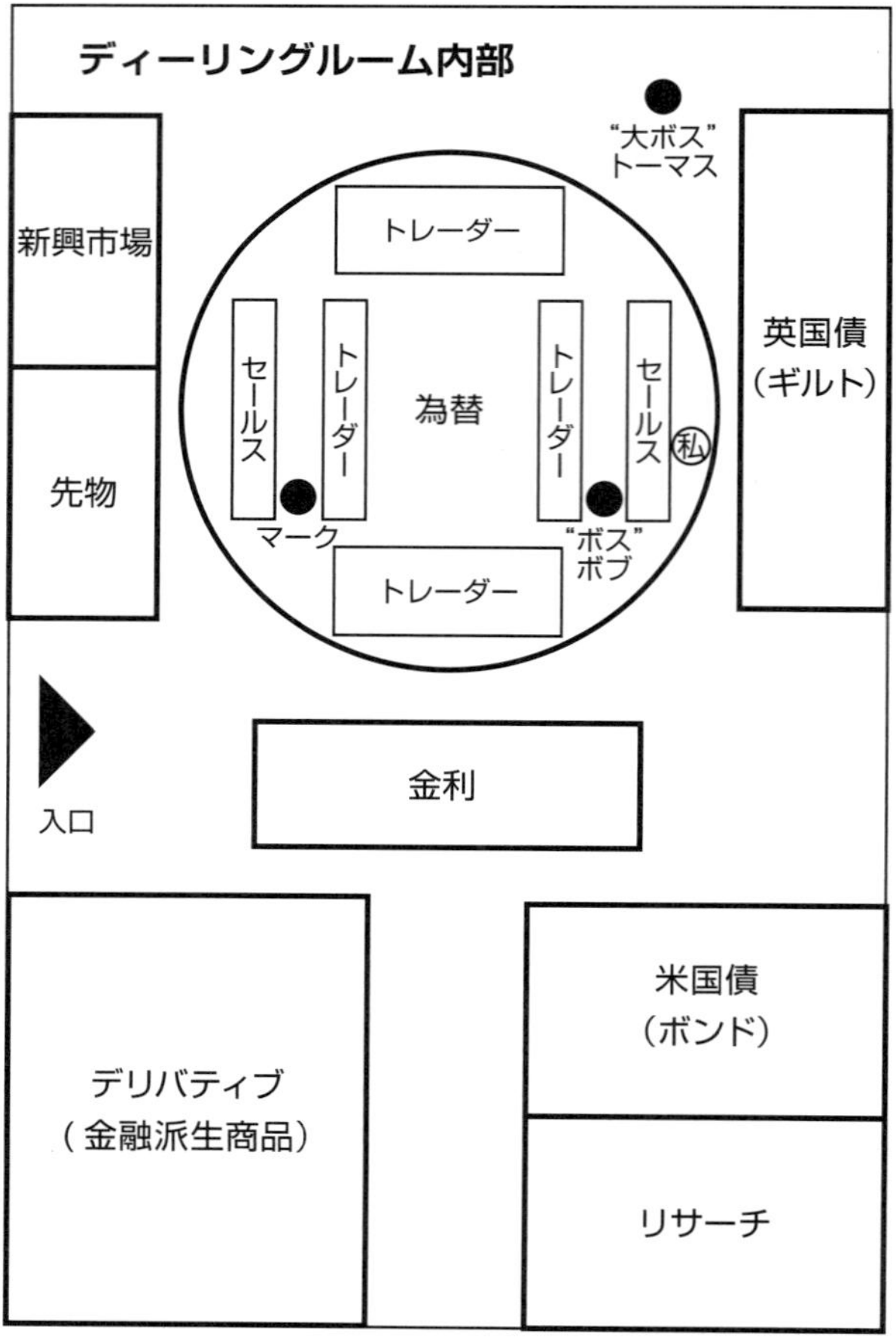
ディーリングルーム内部
“大ボス”
トーマス
新興市場
トレーダー
英国債
(ギルト)
セールス
トレーダー
為替
トレーダー
セールス
私
先物
マーク
“ボス”
ボブ
トレーダー
入口
金利
米国債
(ボンド)
デリバティブ
(金融派生商品)
リサーチ

はじめに

「世界の為替市場には〝個人〟という妖怪が徘徊している。その名もミセス・ワタナベという妖怪だ！」

日本の個人投資家がここ数年、ロシアや中東、ＳＷＦ（ソブリン・ウェルス・ファンド）に並んで海外市場で新たに注目される存在になったとは驚くべきことである。本書の前身である『為替の中心ロンドンで見たちょっとニュースな出来事』（パンローリング刊）を３年前に出した頃には、今のようにテレビのコマーシャルや電車のつり革広告に「ＦＸ」という文字が氾濫し、個人投資家の裾野がこれほど拡大するとは予想もしていなかったことである。

本書にはカリブ海からトレードを行う個人投資家の「ランボー」が登場する。今後、日本の個人投資家から彼以上に市場に影響力を及ぼすトレーダーが輩出されるのは時間の問題かもしれない。そのとき、ミセス・ワタナベは実在の人物として新たな名前で登場してくるのだろう。

さて、今から3年前に、かつて私が所属し、本書の舞台ともなったロンドンのH銀行の新しいディーリンググルームに初めて訪問した。単行本の出版を前に、この日で新しいディーリンググルームも見ておきたいと思ったのだ。

昔の同僚だったピーターに案内され、巨大なディーリンググルームに通された。ディーリンググルームから離れて5年以上はたっていただろうか。久しぶりに足を踏み入れたそこで、見覚えのある顔に出会い、過去の記憶がさまざまに呼び覚まされる。為替チームのメンバーと談笑しながら、ふとデジャヴの感覚に襲われた。

「このまま昔に逆戻りして、すぐさまチームにジョインして為替の取引を開始できるかも……」。それほど、為替チームの主たるメンバー（ボスを除いて）がほとんど変わっていないことに驚いた。ただ、髪に白いものが交じり、みんなやや老成した感じがしたのを除いては……。

当時、すでに私は銀行からも離れて数年がたっていた。今から思うと、全くの個人の立場でよくディーリングルームに通してくれたなと思う。たしか、ピーターが「事前にボスの許可を得ているので大丈夫だ」と言っていたことを思い出す。ディーリングルームへの「部外者立ち入り禁止」の看板は今でも変わらないのだろう。

本書の内容は、主として90年代末ロンドンの、一銀行のディーリングルームから見た、為替市場の出来事を伝えている。登場人物はあえて仮名にしているが、みな実在の人物であり、ストーリーはすべてノンフィクションである。

なお、本書『ロンドンFX物語』のタイトルにある〝FX〟に関しては、外国為替全般という意味で使用させていただいた。

読者の皆さんには、ディーラーたちの生き様や、相場理解のヒント、そして「為替はロンドンで作られる」理由を感じていただけたら幸いである。

２００８年９月　柳基善（ユウ・キソン）

序文

為替はサッカーと同じ？

以前「通貨マフィア」といわれる人たちの間で、為替に関して面白いジョークがはやっていた。

天国の門の前でアインシュタインが、後から天国に来る人たちに向かって、彼らの今後の職業について忠告をした。ＩＱ２００の人には「これからあなたは相対性理論を勉強しなさい」と勧めた。また、ＩＱ１５０の人には「世界経済の予測でもしなさい」とアドバイスしたらしい。そして、ＩＱが60しかない人に向かっては、しばらく考えて「為替相場の予想でもしなさい」と言ったという。

どうもこの話のオチは「為替の予想は誰がやっても当たらず、どうせ成果が出ないのだから、そんなことはいっそＩＱの低い人間たちに任せておけ」ということのようである。

私の経験では「為替ディーラー」という人種はオツムよりも、からだを使うことを得意としている。彼らは〝為替〟という知的ゲームを楽しむというよりは、からだに為替レートを刻んで、長時間寝ないで耐えることに喜びを感じる人たちである。

為替ディーラーは瞬間を競う世界で生きているせいか、ディーリングルームでも自分たちは特別で、傍若無人に振る舞うことも許されていると勘違いしている。そのせいか、為替ディーラーの行儀の悪さは世界的に共通しているようだ。

ときに彼らは「言葉遣いは汚い」「悪態はつく」「大声を張り上げる」「電話は投げる」「イスも蹴飛ばす」、そして「品がなく」「先輩、後輩の区別もなく」「自分が儲けることしか考えていない」エゴイストの集団と化すことがある。

こんなディーラーたちの光景を見たら、IQの高いインテリたちが彼らを小馬鹿にしてジョークのひとつを作ったとしても、これは致し方ないと思える。

外国為替市場をスポーツに例えると、サッカーに似ている。集団ゲームで、活気があり、ルールは単純で、大勝ちも大負けもなく、フェア（?）であり、スピード感があり、局面がガラリと変化して勝敗が決まることもあるからだ。

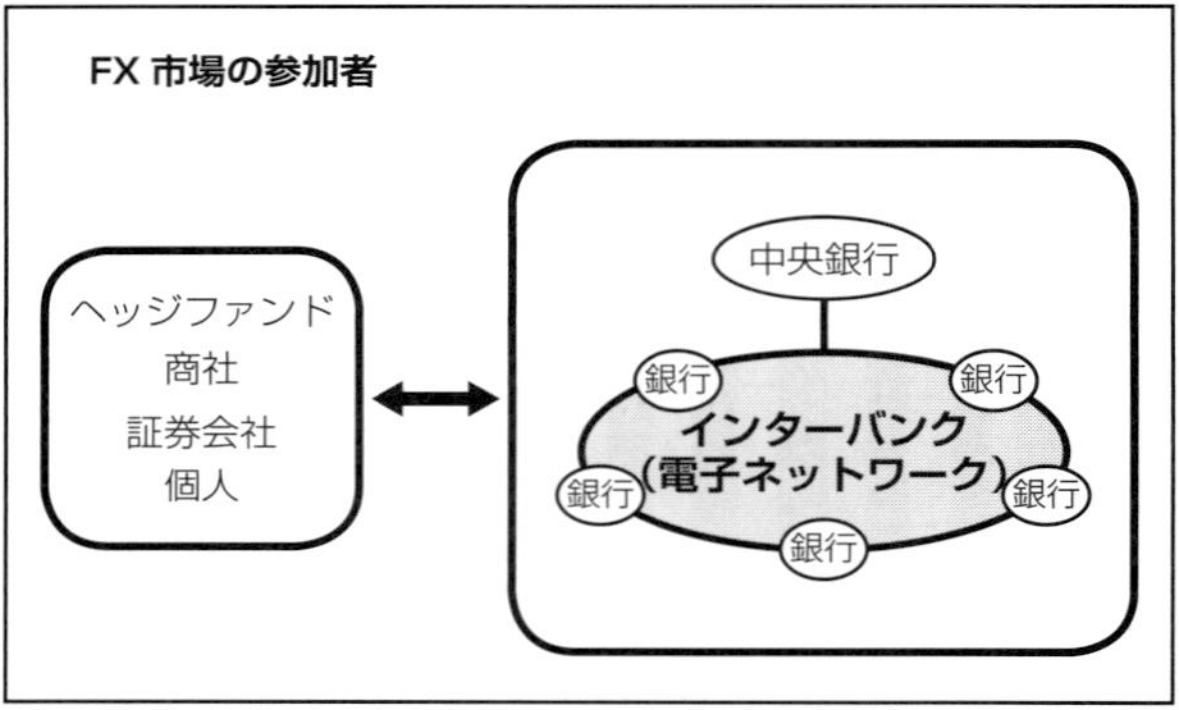

そして為替のディーラーは、風采《ふうさい》までサッカー選手に似ている。私が在籍したロンドンのディーリングルームには、体のいかつい丸坊主同様の短髪のお兄ちゃんが何人もいた。ディーラーもサッカー選手も、外見だけで判断するとお世辞にも賢い人たちには見えない。しかし彼らは、一人ひとりが個性的でありながらチームプレーに長け、仲間を思いやる良さを持っている。

そう、為替もサッカーも、全世界で行われていて、ルールも単純で、誰もがいつでも参加できる〝飽きない体力ゲーム〟なのである。

さて、外国為替市場はロンドンが世界の中心である。私が90年代後半に5年近く在籍したロンドンのディーリングルームは、ヨーロッパ為替市場のうち1割の取引が行われており、世界のトップバンクのひとつといわれていた。

ワンフロアに450人ほどいるディーリングルームの真ん中に、約50名の為替のチームが陣取っていた。そこでは、トレーダーとセールスたちとのつかみ合い寸前のバトルが繰り広げられ、勝負に負けて大の男が号泣する場面も見られた。ヘッジファンドが荒稼ぎをし、アジアの中央銀行が必死に自国通貨を防衛する局面もあった。ひとりで何百億円もの利益を出した、名うての個人為替ディーラーにも出会った。

私のいた〝そこ〟は、世界のオールスターが勢ぞろいした、外国為替の「テムズの取引所」と呼ばれるにふさわしい活気のある舞台だった。

これから、外からは、なかなかうかがい知ることのできない、ロンドンの現場からの体験的レポートをお届けする。

目次

第1章 「テムズの取引所」から

世界の外為市場は「ロンドンで作られる」といっても過言ではない。

第1章では、部外者立ち入り禁止のディーリングルームで働く、元同僚たちの悲喜こもごもの人間模様を報告する。

個人投資家では「世界でナンバーワン?」の男も登場。

ディーリングルームのツアー

テムズの取引所をご案内します

ロンドンのテムズ川に架かる有名なタワーブリッジと、ロンドンブリッジの中間に、サザークブリッジという橋がある。その近くに私が勤める「テムズの取引所」はあった。「あった」というのは、ディーリングルームは数年前にテムズ川下流の開発地区、カナリーワーフの新しい銀行の本店に移転したからである。

金融街〝シティ〟の中心、バンクステーションからまっすぐ南下して、歩いて3分のところにそのオフィスはあった。橋を渡れば対岸はサウスバンクで、テイトモダン美術館や、シェイクスピアの復元されたグローブ座が目と鼻の先にある。

私は地下鉄セントラルラインで〝テムズ〟まで通っていた。駅を出ると途中のスタンドで温かいトーストとミルクティーを買い、毎朝7時前には出社していた。

ロンドンで市内観光といえば、バッキンガムパレスやロンドン塔、大英博物館や

ロンドンの金融街“シティ・オブ・ロンドン”

トラファルガースクエアが有名である。そしてもうひとつ、日本やアジア企業の研修でお決まりになっている市内観光に「テムズの取引所」訪問があり、必然的に私が案内役を授かることが多くなった。

通常、ディーリングルームには、同じ銀行の職員でもパスがなければ入ることは許されていない。部外者に勝手にディーラーのいない席で取引をされては困るし、重要な顧客情報が漏れるのを防ぐためである。そのため、外部の人がディーリングルームに入る場合には事前の許可が必要になる。見学者には守秘義務を徹底させるという条件つきで、立ち入りが許された。

ディーリングルームは、為替や資金、債券、先物、デリバティブ（金融派生商品）など、商品ごとにチームが分かれている。狭い通路を練り歩き、英国債（ギルト）のセクション、エマージングマーケット（新興国市場）のデスク、エコノミストやリサーチのデスクなどを、各チームがどういう仕事に携わっているかを説明しながら案内するのが私の役目だった。

ディーリングルームはほとんどがイギリス人で占められていたが、少数の外国人もいた。彼らはアメリカ、フランス、オーストラリア、日本、香港、インド、ナイジェリア、南アフリカから来た人たちだ。女性が占める割合は少なく、全体で１割足らずだ。人員だけでみると「テムズの取引所」の実態はかなりドメスティックなローカルバンクであった。

こうした雰囲気のなかで、アジアからの十数名の団体客がぞろぞろ歩くとさすがに目立つ。周囲の目が、先頭を歩くツアーコンダクター役の私のほうへ向けられているのがはっきり分かる。そのため初めのころは気恥ずかしく、穴があったら入りたい気分になった。

当然のことながら、私が属する為替チームの近くにも立ち寄る。ここにくると、急に様子が変わる。仲間は意地が悪い。いつも陰でクスクスと笑い出し、ヒソヒソと話をしはじめる。個人主義のイギリス人から見れば、日本人の団体行動はおもしろおかしく見えるようなのだ。

あぶら汗をかきながらツアーを終え、顧客を送った後に自分の席に戻ると、早速、団体客に対する質問攻めと冷やかしにあう。「どうして今日は誰もカメラを持っていないんだ」など、日本人を茶化したステレオタイプな質問を必ずされる。

彼らはあくまで冷やかし半分で、悪気はないようだ。しかし、私は大勢の人の前で恥をかかされているような錯覚に陥る。韓国からの団体客を案内したあとなどは、「韓国人は犬を食うというけど本当か」と真顔で聞いてくる人もいる。教養あるわが同僚の質問レベルは、いつも高い……。

これからお話する為替チームは「体格はいいが、精神的には未熟」な、高校の体育会サッカー部の雰囲気を想像していただければ理解しやすいと思う。

東京やニューヨークのディーラーのほとんどが大卒であるのに比べ、ロンドンではほとんどが高卒である（もともと、イギリスでは日米と比べ大学進学率は極端に低い）。17、18歳から仕事を始め、為替の仕事のみを専門にやってきた彼らは、職人気質でありプロ意識が特別に強い。チームは年齢差など気にしない、みんなが対等の為替職人の集まりだ。

そして、彼らが使う言葉やアクセントも、出身の階級や地方を反映してか十人十色である。驚くことに一人ひとりがまったく違う。地方のなまりや下町言葉もあり、仲間うちの会話はスラングの嵐となる。私のほうは何を言っているのかサッパリ分からないので、何を言われてもあまり気にはならなかったが……。

ともあれ、これからご案内する読者には、そんな周りの目は気にせずにツアーを楽しんでいただきたい。

セールスとトレーダーのバトル勃発！

お前はいったい誰の味方なのか

全体で450名ほどの人がいるディーリングルームでは、ところ狭しとみんながひしめき合って仕事をしている。このなかでも、フロアの中心に位置する、主要通貨を扱う為替チームは特に異彩を放っていた。

為替チームは「顧客取引を主に行うセールス」と「銀行間取引を行うトレーダー」で構成されるおよそ50名近くの集団である。私もその一角に座り、朝7時から夜の5時まで、休むことなく相場を追い続けた。トイレ以外はほとんど席を立つことも許されない、張りつめた雰囲気の場所である。ちなみに私の担当はセールスで、前方の顧客にも、後方のトレーダーにも気をつかうミッドフィルダーとして、これはこれで結構疲れる役回りであった。

トレーダーとセールスとの間には、外部からはけっしてうかがい知れない、ある種の永遠に越えられない溝があり、緊張関係がある。いってみれば、レストランの厨房にいるシェフらがトレーダーで、ホールで客の応対をするウエイター（ウエートレス）がセールスである。一般的にこの両者は、終始争いが絶えない。

ところで、まず、セールスは「顧客に出したプライス」と「トレーダーが出したプライス」の差をマージン（手数料）として利益を上げることができる。他方、トレーダーは、銀行間取引で「セールスとのやりとりで顧客に出したプライス」よりもよいプライスでカバーできれば儲けが出る。

例えば、セールスはトレーダーが108円10銭で売値を出してきたとき、顧客に108円11銭で出せば、1銭の〝サヤ〟となり、儲けが出る。他方、トレーダーは銀行間取引で108円09銭でカバーの買いができれば1銭のサヤが儲けとなる。セールスは顧客になるべく有利なレートをトレーダーに要求し、トレーダーは逆に銀行がカバーで損をしないレートを出そうとする。そこに緊張が発生するのである。

さて、トレーダーは自己ポジション（建玉）の取引であれ、顧客との取引であれ、

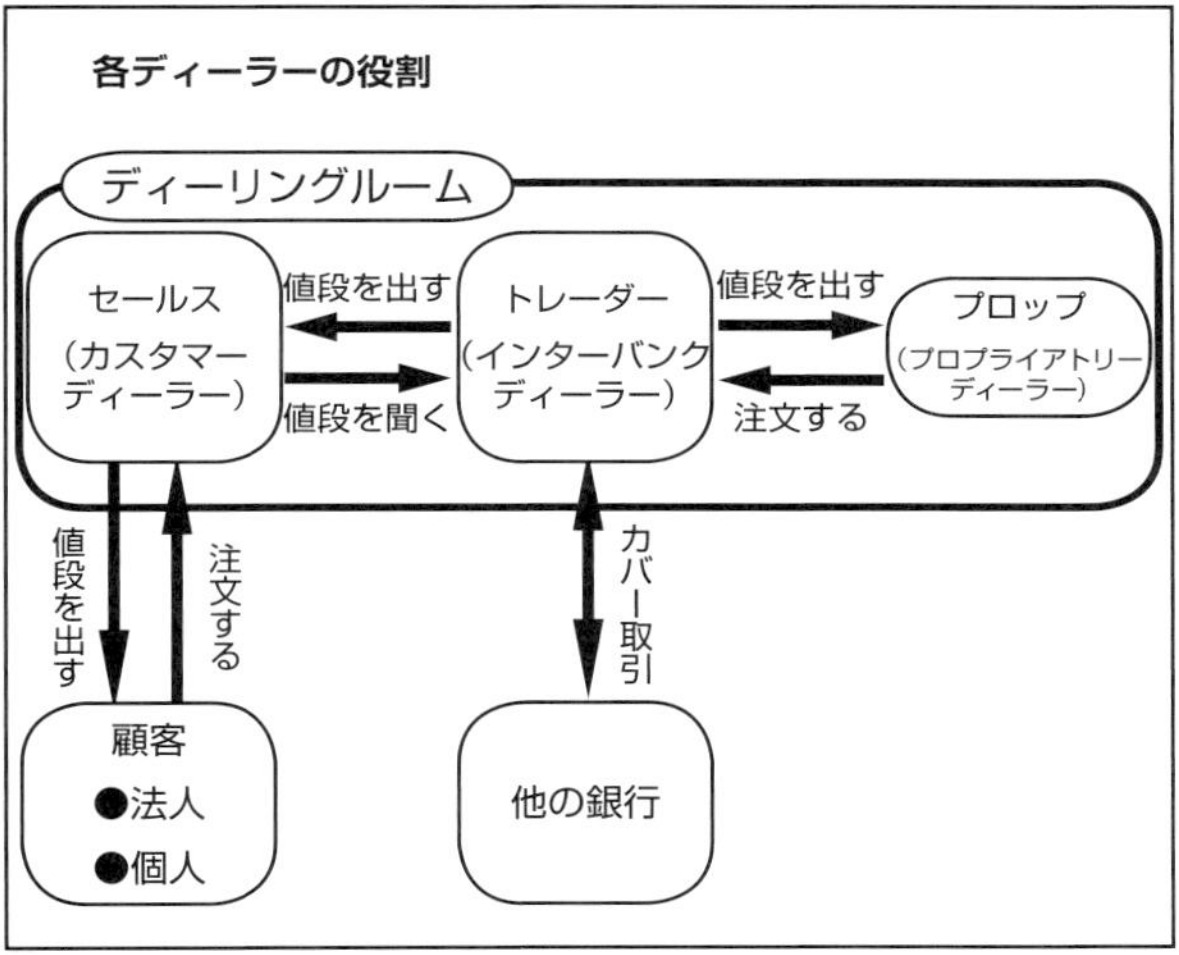

何よりもまず自分が儲けたいと思っている。しかし、顧客に対して常にベストプライスを出すことが使命でもある。トレーダーに自己中心的なタイプが多いとは言っても、優秀なトレーダーはよいプライスを出し、顧客ビジネスが増えること＝自分の収益にも貢献することだと分かっている。

一方、セールスは顧客とのビジネスをなるべく多く取りたいと思っており、トレーダーに対しても顧客の立場に立って厳しいプライスを要求する。自分の成績を伸ばしたいからといって、どんな客の注文でも取ってくるセールスはダメだ。やはり銀行全体にとってプラスになるビジネスを持ってくるセールスが優秀といえる。

あるとき、こんなことがあった。ドイツのある大手メーカー担当のジェフがドルマルク担当のゲイルに、ドルマルク100本（1本は100万ドル）のプライスを聞いた。最初、プライスが30―40（30で買い、40で売りの意）とゲイルが叫ぶと、「もっとスプレッドをナロー（狭く）にしろ」とジェフが叫び返す。躊躇してゲイルが33―40とクォート（プライスを出す）すると、すかさずジェフが「33だ」と売りのサインを出す。ところが、その直後に相場は急落し、瞬間で評価上数百万円の損失が出ていた。

気がつくと、ゲイルの顔はみるみる真っ赤になり、イスから飛び出して悪態をつき、ジェフにつかみかかる寸前であった。こうしたことは日常茶飯事だ。さすが体育会サッカー部ならではの手荒い光景である。

実は私も一度、ドル円のトレーダーのマークとやりあったことがある。日ごろは言葉の壁のせいもあっておとなしい私が、かなり激しく口論したので、周りから「まあまあ」という冷やかしの口笛が飛んできた。こういうときの仲間は大人だ。おかげで、私もすぐ冷静さを取り戻すことができた。

余談だが、マークに関しては、後日、最悪の一日があった。ドル円の相場が大きく動いた日だった。とにかく顧客にプライスを出せば出すほど、すべてマークの思惑とは反対の方向に相場が動いて、ロスが膨らんだ。

これが1～2時間は続いただろうか。マークは次第にくさりはじめ、とうとう最後には感極まって大の男が泣き出してしまったのである。

「これでマークも終わりかな……」。チーフに肩を抱きかかえられながら部屋をあとにした彼を見て、みんながそう思った。だが、数日後にはケロッと現場復帰をしているのだから彼も強者だ。やはりトレーダーは並大抵の神経の人には向かない。

このように、ディーリングルームのなかでは顧客の側からは見えない死闘が繰り広げられている。そしてまた、トレーダーもセールスもおのおのが自分の役割をプロフェッショナルに追求しつつ、お互いに緊張関係を保っている。そうすることが、銀行にとっても顧客にとってもハッピーになる関係を築くと分かっているのだ。

大声が出ないとボスにはなれない？

声の大きさは、ボスの条件のひとつ

トレーダーとセールスの間のど真ん中に座って、指揮を取るのがボスのボブだ。彼はサッカー部の主将というよりも、軍隊組織の軍曹に近いかもしれない。それほど怖いし、部下の生殺与奪の権利を握っている。トレーダーとセールスが取っ組み合いをはじめても、彼がひとこと注意をすれば収まってしまう。サボって新聞でも読んでいるセールスがいれば、すかさず何らかの指令が飛んでくる。油断をしようものなら、誰彼となく彼の鋭い視線が浴びせられる。

ディーリングルームでは、ロイターやテレレート、ブルームバーグなどの情報端末から刻々と情報が流れてくる。相場に影響を与えそうな情報がスクリーンにフラッシュで流れ出たとき、最初にそれを見つけ、大声で叫ぶのがボブの大きな役目のひとつだ。その声がよくディーリングルーム中に響き渡る。彼の声に呼応して、ディーラーはいっせいにポジションを作ったり、セールスは全員一丸となって顧客にコールしまくるのである。

多少大げさにいうと、そのシーンはさながら軍曹の掛け声とともに、戦車と歩兵隊が機関銃をぶっ放し、一斉攻撃に突入する場面に似ている。歩兵の私も、一度この役をやったら意外とやめられないのだ。

この軍曹のすごいところは、単に大声が出て、腕っ節が強そうに見えるところだけでない。オツムの出来もやたらにいいのだ。市場において戦況を、いや相場を自分で作れる数少ない人のひとりなのである。

例えば、情報端末に突然、アメリカの財務長官の「現在の円安は行きすぎであり、アメリカ政府としても、日本当局の懸念を共有している」というコメントが出たとしよう。ボブはこれをすぐさま「アメリカ財務省が日米の協調介入に関して、前向きに検討し始めた」と解釈し、誰よりも早く、市場でドル売りを開始するのである。すると、潮の流れが変わるかのように波状的に市場でドル売りが繰り広げられ、レートがみるみるうちに下がっていく。このような光景をたびたび私は目撃した。

もちろん、彼の見方が百発百中ということではないが、彼のすごいところは「俺はドルが下がると思う。この指止まれ」を行動で示せることにある。ボブはまさに自分が市場そのものであると認識していた。誰かに誘われて相場に乗るのはまっぴらごめんというわけである。

世界の為替市場には、数は少ないが、相場を作れるボブのようなディーラーがいる。彼らは自分の考えを主張するために、瞬間で数億ドル（数百億円）以上の資金を動かすことがたびたびある。同調者が出て、自分が思う方向にまで潮の流れを作ることができればさっさと利食いに入る。そして、何食わぬ顔で次の材料を探すのだ。

軍曹は声が大きいだけでは務まらない。戦略と戦術が優れていなければならない。でないと、歩兵隊はみんな犠牲になってしまうのである。

プロップと呼ばれる優雅な人たち
週に一度、朝遅くに来るのが当たり前？

ディーリングルームの脇には、ど真ん中で繰り広げられる戦闘を避けて、優雅にディーリングにいそしむご仁もいる。彼らは「プロップ」と呼ばれる。プロプライアトリートレーダーの略だ。通常、トレーダーを卒業したシニア組がこのポジションを引き受ける。

彼らは、銀行間で売り買いを繰り返すトレーダーとも、顧客取引にいそしむセールスとも違う。ドルが上がるとか下がるとかの自分の考えをもとに、短期や中期の相場を張る〝リスクテイカー〟である。

例えば、トレーダーは市場に値を提示して、常に売り買いを繰り返すため、収益が安定しない。これに比べてプロップは、チャンスのときにだけトレードをするのでコンスタントに収益に貢献する面がある。

ロンドンのディーリングルームにもこうした人種が5、6人はいた。彼らの誰一人として、朝早く来るものはいない。週に一度ぐらい顔を出すとか、2週間に一度だけ会社に来る人もいた。というのも、自宅に情報端末と電話さえあれば、用を足せたからである。では、優雅な彼らの生活の一端を紹介しよう。

ピーターは以前、為替の有力なプレイヤーだった米投資銀行の出身だ。彼は、イギリスとフランスとの海峡にあるジャージー島に住んでいた。たまにヘリコプターでロンドンのシティまでやってくる。大ボスとのミーティングのためだ。

90年代前半、イギリスポンドは売られまくっており、ピーターもポンド売りで儲けていた。出社した後、しばらく大ボスの部屋で立ったり座ったりしながら、ときには腕組みをし、ときには議論してしばらくすると部屋を出てくる。そして、ポンドのディーラーのところに行って、何やらささやく。これで、彼のその日の仕事は終わりだ。

ほどなくして、彼のオーダーを受けたポンドのディーラーが何かにとりつかれたようにポンドを売り始める。200本、300本。ところが、ポンドはまったく下がらない。逆に、上がり始めるころ、ピーターの姿はディーリングルームから消えている。

イギリス経済は、ご存知のとおり、90年代後半からトニー・ブレア首相の登場と時期を同じくしてよみがえった。当時、ポンドはすでに「強いポンド」に変身していたのだ。しかし、ピーターは変われなかった。ディーリングルームの現場から離れると感覚が狂うのか、それとも、過去の成功体験が災いするのか……。十中八九、彼がポジションを作ると反対にいくのである。

そのうち、彼の姿もディーリングルームでは見かけることがなくなった。

もうひとり紹介したいのはルイスだ。彼には私立学校に通う小さな子供たちがいる。奥さんも仕事をしており、家事は彼の担当だ。だから、子供たちの面倒を見て、学校まで送ってから会社に出てくる。

会社での彼の振る舞いは本当に要領が良い。遅れてきて、トレーダー、セールスをひと回りしながら、オーダーの状況とか、誰がどう売り買いしていたのかを丹念にチェックする。

順番どおりに、私の机の前にも毎日来る。「キソン、ジャパニーズはどう考えている?」と質問してくる。私から有益な情報をもらったと思ったときには、「おもしろい《インタレスティング》!」といって、彼は席に戻る。

ある年、彼はドル円の取引でかなり良い成績を上げた。私のところに来て、お礼に「キソン、今度ゴルフに招待したい」という。

その後、週末のある日にプロップの人たちと一緒にコースを回った。そのうちのひとりにはチャーチストのネビル——女房がイタリア人で、ベニス近郊の街に住み、2週間に一度だけ会社に顔を出す——もいた。案の定、みんなのゴルフは、私よりも格段にうまかった。

朝早くから客に電話を掛けまくり、ボスの様子を伺いながらあくせく仕事をしていた私に比べて、プロップの人たちは仕事だけでなく、遊び方も優雅であった。

サイエンティストに騙されるな

予期しないことが起きたらそれでおしまいに

90年代の初めから、理科系の人たちが大挙してディーリングルームに乗り込み、金融商品開発に携わるなど重要な一角を占めるようになった。彼らは機械工学や地質学、応用物理やロケットサイエンティストなど、金融とはまったく関係のない修士、博士のかたがたである。

私の勤めていた銀行も例外ではなかった。売ったり買ったりで忙しい為替や金利のトレーダーたちと比べ、彼らの存在はやや異彩を放っていた。

私の偏見から言うと、この人たちは相場のような世界……つまり一寸先はわからない、荒々しいバクチのような世界には、あまり向いていない。たしかに、彼らは金融技術の革新に寄与した。だがポジションをうまく管理できなかったがために、トレーディングで巨額の損失を計上するという例が後を絶たなかったのである。

最初は良かった。ロケットサイエンティストらが考案したデリバティブは一番の儲け頭だった。しかし、やがて彼らは見事に自爆してしまったのだ。

私の銀行を例に取ろう。デリバティブチームは以前、自分たちを「STAR（スター）」チームと呼んでいた。「Specialized Trading And Research」の頭文字をとってつけた名前である。彼らにおだてられて、私も東京でエキゾチックオプションを売っていたころがある。「キソン、この商品が売れたら君もスターになれる」というので「本当かな」と思ったものだ。

彼らは92年、93年の欧州通貨危機のときには運良く大儲けできたが、97年、98年のアジア通貨危機、ロシア危機のときには大損をした。相場だから読み違うこともあるし、通貨危機のときには誰にだってリスク管理は難しい。しかし、それだけが原因だったわけではない。

ひとつには、サイエンティストたちが開発したシステムはほとんどがインハウス、つまり自社開発で、見通しが誤ったときに簡単に修正が利かないという問題がある。

顧客との取引はシステムにどんどん蓄積される。もちろん、リスクヘッジの手段は市場で取っているものの、完璧ではない。市場には、システムが予期していないこともときどき起こる。例えば、通貨の切り上げや切り下げ、外貨規制、市場金利の急激な上昇や下落など、すべてに対応できるわけではない。よって、機動性が発揮できず、問題が発生したときは、少しずつ時間をかけてポジションをひっくり返すしかない。結果として膨大なコストが発生するのである。

さらにもうひとつ気になることがあった。彼らの多くがほとんど市場を見ておらず、相場を知らない人たちであるという点だ。「キソン、どうして今ドルが上がっているの？」と、彼らは平気で尋ねてくる。

もちろん、中長期のシナリオに基づいて商品設計する彼らは、目先の動きを知らなくてもかまわない。だが、リスクマネジメントに関する基本的な感性を疑いたくはなる。

結局、問題を起こしたときにドクターたちは自分では解決できず、バンザイするしかない。そして、数学をほとんど理解していないベテランディーラーが、彼らの後始末をする羽目になるのだ。

それでも、世の中にはデリバティブ商品の誘惑に勝てない人が多い。例えば、為替で年度末にドルの売りポジションが実勢レートよりも上の、125円で予約できるとしよう。輸出企業にとっては、このことで年度末の決算レートがあらかじめ決められるのだから便利だ。しかしこの予約が成立するには「年度末までに一度もドル円が115円をつけない場合に限る」などの条件がつくのである。値が付けば、125円の売りは幻になる。そして、結果は幻になるケースがほとんどだ。

このようにサイエンティストたちは、顧客が聞けば手を出してみたくなるような商品作りを行っている。セールスも利ザヤの大きいこうした商品を売りまくる。最初はよく売れる。そして思惑がはずれ、顧客のなかに犠牲者が出る。しかし、しばらくすると、また新しい商品に取って代わる。

誘惑に弱い企業の財務担当者は、(彼らが)外からは見えない恐ろしい金額のマージンを銀行に払い、サイエンティストを養っている。

相場は、数学のように美しく動いてはくれない。サイエンティストが市場を実験室とするには、コストが掛かりすぎてはいないだろうか?

コードネーム「ランボー」と呼ばれる男

数千億円以上もの資金を動かす男に変えたものとは。

「ランボー！」

チームの同僚が叫ぶ。我々が「ランボー」とコードネームで呼ぶ客からのホットラインが点滅している。担当のポールが電話を取るのを見ながら、周りの者は固唾をのんで彼の反応を見ている。

「ドルマルク３００本売りだ！」。最初の注文だ。ドイツマルクのディーラーは血相を変えて売りはじめる。１分もたたないうちに、ポールは「ドルスイスも３００本売ってくれ」と言ってきた。そして、最後に「ジョン、ドル円も３００本」と手で売りのサインを出しながら、ドル円のトレーダーのジョンに向かって大声で叫んだ。

ディーリングルームは瞬間、蜂の巣をつついたようになる。トレーダーたちは数十行の銀行にプライスを取りにいき、顧客から買ったドルを売りさばかなければならない。プライスが合えばヒットし、次々にカバーをした金額の合計と平均レートが電子ボードに表示される。ほどなくして、すべての金額かそれ以上の金額を売り終えたことが確認される。

「テムズの取引所」の主役は顧客である。アジア、ヨーロッパ、中東、スカンジナビア、北米などから、名前を聞けば誰もが知っている「世界中の主要なプレイヤー」が私たちのディーリングルームを舞台にして取引を行っていた。

チームでは、顧客名も大声で叫ばれるので、ほとんどの顧客にコード名をつけて、情報が漏れるのを防止していた。「レッド」とか、「ブルー」とかのコードネームの中で「ランボー」は出色であった。実際、名だたる有名プレイヤーをしのぎ、当時、彼はほんのひと握りの人しか知らない隠れた大プレイヤーだったのだ。

ドルの300本とは3億ドル、日本円で約360億円、このときは瞬間にして1000億円ほどの金を動かしたことになる。

当時、「ランボー」は数千億円以上の資金を動かしていたと推定されたため、1

回の取引金額としては驚く額ではない。しかしそのころは大手のヘッジファンドでも、彼ほどのポジションを持って相場を張っている人は、それほどいなかったように思う。

ところで、そんなランボーがある日、一日にして一躍有名になった。イギリスの日曜紙サンデータイムズに恒例の「イギリスのお金持ち番付」が発表され、いきなり彼が10位以内に登場したのである。彼の資産は数千億円と推定されていた。高額所得の理由が「相続」や「会社」、「不動産の売却」といった理由が多かったのに比べ、彼の理由は振るっていた。「グッドインフォメーション」。これだけである。内部事情を知っている私は読みながらゲラゲラと声を出して笑ってしまった。

そして翌朝、オフィスに出るとポールが案の定自慢してきた。「ははっ、キソン、ランボーは俺のことを言っているんだよ」。

ところで、この天才的個人為替ディーラーも一日にしてなったわけではない。

ランボーは苦労の人だ。レストラン、スーパー、不動産など、ありとあらゆる商売を手がけ、財を築いてきたといわれている。そうしたなかで彼が出合ったのが為替のトレーディングである。

ハングリーな彼は、いち早くこの市場の妙味を知り、のし上がってきた。彼は少ない資金でもその何十倍もの取引が可能となる、外国為替証拠金取引（ＦＸ）の本質をよく理解していた人物だ。

我々が取り引きしはじめたころは、彼はすでに数百億円の資金を準備できていたと思う。取引金額は証拠金のほぼ20倍。１００億円を準備できれば２０００億円規模の取引も可能だったわけだ。彼自身は、為替の情報を数少ない、親しい銀行のカスタマーディーラーから得ていた。そして、人に任せることなく、自分自身で巨額の資金を頻繁に売買し、値ザヤ稼ぎをしていた。

聞くところによると、ランボーはカリブ海の島に住んでいた。ヨットから為替の売り買いの指示を出すこともまれではなかったという。

その彼が、我々の銀行のディーリンググルームに表敬訪問する機会があった。仲間たちは、ランボーが一体どんな人物なのか、固唾をのんで彼の登場を待ち受けていた。

ところが、これがまったくの拍子抜けに終わった。みんなが一瞬、目を疑う。ポールが先導して、その秘書と誘導されディーリングルームに入ってきた「ランボー」は60歳前後と見受けられ、背が１６０センチぐらいで、ややうつむき加減でとぼとぼと歩いてきた。対照的に、秘書の女性は堂々としていた。

日本でいえば、ランボーは「大田区にある中小企業の社長で、作業着がよく似合いそうな善良なおじさん」というところか。80年代末の一時期、為替の世界で一世を風靡した、阪和興業の北社長に似ていなくもない。

その日はチームメイトの誰もが、自分たちが勝手に想像した「ランボー」とのイメージの格差に愕然とした。

そして、ほどなくして彼の名前は市場に知れ渡るようになり、目立たないように巨額の資金を動かす彼の神通力も通用しはじめなくなってきた。そのうち、私の銀行との取引も終えてしまった。

後に、新聞に彼が著名なオークションハウスを買ったとか、イギリスのサッカーチームを買収したとかいう記事も見かけた。彼も表の舞台に出てきたかったのだろう。明らかに、彼の関心は為替で金を稼ぐことから、名声を求めるほうへと変わっていたわけだ。

しかし、私が直接知るかぎり、純粋に為替のディーリングで推定数百億円単位の収益を上げていたのはランボーだけである。有名になった後に、そのうちのいくばくかは吐き出したかもしれないが、大変な成功者だったことに変わりはない。

「グッドインフォメーション」。これだけで、個人に巨額の富をもたらした為替市場の魅力は絶大だった。

みんなが不幸なボーナス日

頑張った人にはつらい1日？　そうでない人にはうれしい1日？

日ごろ騒がしいディーリングルームも、静かになるときが、まれにある。年に一度のボーナス発表日もそのひとつだ。

ディーラーたちのボーナスは、成績に応じて毎年異なる。そして残念ながら、ボーナス発表の日は、必ずしもみんながハッピーな一日になるわけではない。

私の銀行の場合、年末にまずボーナスの査定がある。そして、翌年の初めに支給される。通常、銀行の役員会議で、最初に市場部門全体の「その年の支給額」が決められる。それに基づいて、市場部門の各チームごとにボーナスが振り分けられる。ある個人が素晴らしい成績を出してもチーム全体が数字を上げていなければ、その個人には十分な支給がされないこともある。このあたりが不満の種になるのはいうまでもない。

ロンドンの為替チームもチームリーダーから直接、ボーナスの額を提示される。このときはリーダーがいきなり自分の雇用主のような顔で出てくるので気分は悪い。

数字はいつも予想どおりだ。ただ、そのまま落胆したようすも見せずに「ありがとうございました」といって引き下がると、この男はこの程度で満足しているのかと思われるので、一応は「かなり不満だ」「十分に自分の実績が評価されていない」「おかしい」という余韻を残しておく。

チームリーダーも、不満があれば上に掛け合ってもいいという。それによってボーナスの額が変わった、という話を聞いたことはないのだが……。

市場部門のヘッドには賢い人がいた。ボーナス発表の数週間前から「今年は全体のボーナス支給額がかなり引き下げられるらしい」などの話を、それとなく側近に伝え、うわさで広まるように仕組むのである。あらかじめメンバーの過度の期待をくじいておき、発表後のリアクションを抑えるわけだ。さすがにこのあたりは相場のプロだけあって、人の心理を読むのもうまい。

しかしロンドンでは、このような戦略を駆使してもボーナスの払い込みがなされた直後にかなりの数の人が辞めていくことが多々あった。

誰もが、自分のことを過大評価する習性から抜け出せないのである。

そして、もうひとつ理由がある。ボーナスはボスの一存で決まる要素が大きい。事実上、その評価がフェアかどうかを客観的に判断する基準がないのだ。それが悔しいのである。

「ユウさん、ボーナスはみんなを不幸にする。いっそやめたほうがいいかもしれないね」と、ボーナス支給後の人事のゴタゴタで、めずらしく大ボスが憔悴しきって愚痴をこぼしたことがあった。人の評価というのは難しい。また、それをどのくらいのお金で報いるかも難しい。

私の知人に大手米系証券のパートナーがいた。彼はアナリスト部門のヘッドで全世界で何百名もいる部下の査定を年に2回やっている。驚いたことに彼の時間のほとんどが人事評価に費やされているという。世界の優秀な若手の頭脳が集まる彼の会社でも、ちょっとした評価のミスで人が辞めたりする。細心の注意で人事評価がなされていた。

能力の差が歴然なのに、ボーナスの額が一律で変わらないのは困る。一方で、成績に応じたボーナスにしても、実際には誰も満足していないというのも事実である。ちなみにディーリングルームにも、毎年100万ポンド（約1億9000万円）以上のボーナスをもらうスタープレイヤーが数名はいたようだ。

かくして、自らの力量のなさを思い知らされる憂鬱なボーナスシーズンは終わる。

ときには休んで観戦も

鬼のボスが仏のボスに変わるとき

ボーナス発表日に加えてもうひとつ、ディーリングルーム中が静まり返るときがある。イギリス恒例の新年度の予算発表があるときだ。

予算発表の日は、イギリス議会でスピーチが始まると同時に市場も休戦状態になり、一同はテレビのスクリーンにくぎ付けになる。とりわけ、メージャー首相時代の大蔵大臣ケネス・クラークの予算発表のスピーチは印象深かった。太鼓腹の彼はユーモアたっぷりに演説し、ヤジが飛んできても意気軒昂で、聞く人の耳目を引きつけた。

私がびっくりしたのは、一国の予算の発表がこれほど国民の関心を集めるのか――その後、労働党政権になり、予算の発表も秋から春へと変更になり、季節感もなくなって、以前よりは注目されなくなっているかもしれないが――ということであった。

市場の注目はとりわけ「政府部門の借り入れ見通しがいくらになるか」だったが、それにも増してみんなが注目していたのは、タバコ税と酒税の増税だった。家族手当などの社会保障関連の制度変更も気にした。予算発表が終わるころになると、周りの者が電卓を叩いて、今年は数百ポンドの税負担増になったと文句を言いはじめる。

イギリスでは、予算の内容は発表までまったく外部に漏れない。大蔵大臣が議会で初めて発表し、それがすぐ発効される。そのため、新しい予算の内容は家計にすぐさま直結して影響が出る。だから、関心も高いのだ。イギリス民主主義の面目躍如といったところだろうか。

もうひとつ、ディーリングルーム中が普段のコンピューターのスクリーンをテレビに替えてくぎ付けになるときがある。当時のＦＲＢ（アメリカ連邦準備委員会）議長、グリーンスパンの議会証言のときにも、市場は一時休戦だ。ディーラーたちは、彼の一言一句に耳を傾け、難解な彼の話の含意を読み取ろうとする。

むろん、〝サッカー選手〟の為替チームに限っていえば、いつも政治家や政府高官の話ばかりを聞いておもしろいはずがない。フットボールのプレミアリーグ最終戦や、ヨーロピアンカップのイングランド戦では自然とスクリーンが切り替わる。相場そっちのけで観戦が始まり、歓声が上がる。有名なホースレースになると、馬が第4コーナーを回った直後に一斉にスクリーンが生中継のテレビ画面に替わる。ゴールの瞬間は大きな歓声と溜息が出る。

さすがにこのときばかりは、普段は怖いボスも大目にみてくれる。

ロンドンは地の利で食べている

眠れる獅子ならぬ、眠らぬ大市場

さて、世界の外国為替市場の取引高はロンドン市場が最大で、シェアは全体の3割を上回ると見られている。しかし、ロンドンの時間帯での取引、もしくは市場全体への影響力をいえば、全体の7割を占めているのではないかというのが私の実感である。残りはニューヨーク市場とアジア市場が半々を占めるというイメージか。

これには理由がある。ロンドンには時間帯からして、圧倒的に「地の利」があるためだ。

ロンドンの朝8時は東京の午後4時（冬時間は5時）である。アジア市場の引け間際のポジション調整がロンドンの朝一番のオープニングに重なるため、朝から取引は活発となる。日本のディーラーはみんな、夜が遅い。ロンドン市場がオープンした後も、午前中いっぱいロンドンのオフィスに東京から注文がくる。香港、シン

各国の時差（白い部分は取引が活況な時間帯）

ウェリントン（NZ）	シドニー	東京	ロンドン	ニューヨーク
3	1	0	15	10
4	2	1	16	11
5	3	2	17	12
6	4	3	18	13
7	5	4	19	14
8	6	5	20	15
9	7	6	21	16
10	8	7	22	17
11	9	8	23	18
12	10	9	0	19
13	11	10	1	20
14	12	11	2	21
15	13	12	3	22
16	14	13	4	23
17	15	14	5	0
18	16	15	6	1
19	17	16	7	2
20	18	17	8	3
21	19	18	9	4
22	20	19	10	5
23	21	20	11	6
0	22	21	12	7
1	23	22	13	8
2	0	23	14	9

※サマータイム（2008 年現在）

ウェリントン：９月最終日曜日午前２時～翌年４月第１日曜日午前３時

シドニー：10 月最終日曜日午前２時～翌年３月最終日曜日午前３時

ロンドン：３月最終日曜日午前１時～ 10 月最終日曜日午前１時

ニューヨーク：３月第２日曜日午前２時～ 11 月最終日曜日午前２時

ガポールからもよく「玉」が打ち込まれる。中東、ヨーロッパ大陸のほうからも終始、プライスを聞いてくる。

そしてロンドンがお昼時間ごろになると、息つく暇もなくニューヨーク市場がオープンする。するとニューヨークの早起き組がポジションを仕掛けてくる。

いうまでもなく、ロンドン市場にはランチタイムのブレイクのようなものはない。午後の早い時間に、アメリカの経済指標が発表され相場が動く。午後は流動性を求めて、ニューヨークとロンドンの間を玉が行き交う。やがて、ロンドン市場引け間際に相場は凪のようになり、ほとほと疲れた一日が終わるのである。

ロンドンの午後5時はニューヨークのお昼ちょうど。ロンドン市場が終われば、市場はニューヨークの後場のみを残し閑散となる。

ロンドンのディーラーたちは、だいたい朝7時半までには全員オフィスに到着し、夜5時半にはほとんど全員が退社する。この間、10時間、休みなくぶっ通しで働く。

トレーダーたちは、退社後はパブに直行で、夜遅くまで仕事をするという習慣はない。私などがたまに遅くまでオフィスに残っていると、周りから「何か悪いことでもしているのではないか」と疑われる。ニューヨークの後場を見たいときでも、6時にはいそいそと部屋を出なければならなかった。

ロンドン市場は本当に得をしていると思う。アジアと北米をまたにかけ、ヨーロッパの厚みのある市場を生かして、ディーラーたちが相場を仕掛け、新しいトレンドを牽引していく。「為替市場はロンドンで作られる」といっても過言ではない。

余談だが、東京市場に面白い人たちがいた。東京時間は寝て、ロンドン時間から起きて取引を始める人たちだ。

東京とロンドンでは、冬は9時間、夏は8時間の時差がある。彼らもまた、ロンドンの厚みのある市場で勝負に出るために夜から仕事をはじめ、NYが終わる朝までトレードをするわけだ。東京にいながらにしてロンドンの空気を吸う、市場を熟知した人たちである。

スポーツの好みで分かる出身階級

「イギリスは階級社会である」とよく本で読んだが、そんなことはあるまいと高をくくって渡英した。ところが、その自分の考えが間違いであったことは、仕事場に入ってすぐに分かった。

一般的に、イギリス人は古いものを尊ぶ。だから着ているものだけを見ても、その人の出身階級は分からない。着るものについていえば、みんな質素だ。

ところが、ひとこと英語を話せば、すぐに相手の家柄や教育のレベルが分かる。

パブリックスクール出身の英語には独特のイントネーションがあり、アッパーミドルクラス出身にはまるでBBC放送のアナウンサーのようなきれいな英語を話す者がいる。貴族階級出身者は口をあまり開かずにもったいぶって話をする。労働者階級出身の人たちは、自分たちの独特の言葉とアクセントに自信を持って話をする。

読む新聞も階級によって異なる。中産階級は「タイムズ」や「ガーディアン」などの高級紙を読み、労働者階級は「サン」や「デイリーミラー」などのタブロイドしか読まない。

スポーツに関しては、「何が好きか」と聞かれれば、中産階級なら「ラグビー」が模範解答で、労働者階級なら当然「フットボール（サッカー）」となる。ディーリングルーム内でも、各チームでメンバーの顔つきや言葉遣い、教育水準などが異なり、部門間で階級の違いのようなものを感じることがあった。これを、スポーツに例えてみよう。

債券などを取り扱う資本市場部門は、最低限の数学の知識やクレジットリスクに関する基礎知識が必要だ。つまり、ある程度の知的レベルを要求される。彼らは、スポーツでいえばラグビー部である。ラグビーは、イギリスではパブリックスクール出で育ちのいい子弟のための〝正統派のスポーツ〟と見られている。彼らは頭が良いだけではダメで、スポーツにも秀でていることが求められるお利口さんたちだ。

企業のM&Aなどを行う投資銀行部は、大企業の社長と渡り合い、政府にもコネが効くエリートの集団だ。彼らはスポーツでいえば、ポロ選手の集まりだ。金融界のセレブリティである。

そして繰り返すまでもなく、我が為替チームは明らかにフットボール部である。腕力だけはみんなありそうで、頭はないが体力だけは任せとけという雰囲気だ。労働者階級出身の自信にあふれている。

娘の学校はロンドンの典型的なアッパーミドル階級の子弟が通う学校だった。父親同士の会話で「銀行では何をやっているの」と聞かれて「為替をやっています」と答えると「あ、そう」と、気のない返事が返ってくる。そのあとはもう何も聞いてこない。

最初は、なぜだろうと思っていたが、すぐに「為替という部署で仕事をしている」というのは、「好きなスポーツはフットボールです」というのと同じだということが分かってきた。ミドルクラスの連中は労働者階級には興味を示さないのだ。

娘の友人のお父さんのなかには、米系証券会社で働く有名なインベストメントバンカーがいた。企業買収部門のトップで彼の転籍の話題が新聞に載ったりしていた。

投資銀行部門は花形の仕事で、社会的地位も高いし、そこの部門のトップは世間から注目されるエリートである。為替の部門では、こうした人事の報道はまず新聞ではなされない。

私もしゃくに障るので、しばらくしてからは娘にある指示をしておいた。

「パパは何のお仕事をされているの」と尋ねられたら、「日本企業のマーケティングを担当しています」と答えるようにしなさいと。

第2章 「伝説」を作る男たち

相場の達人はみんな、一風変わっている。寝ても覚めても相場から離れることはない。パーティーも早々に切り上げ、自宅でランニングマシンに乗りながら、いつも相場を追いかけている。我慢と瞬発力が勝負なのだ。

伝説となった1割の男

10％の時間に自分の持てるすべて（100％）をかける

「ワンス・ア・ディーラー、オールウェイズ・ア・ディーラー（一度ディーラーをやったらやめられない）」という、業界の古くからのことわざがある。しかし長くディーラー稼業を続ける人の中でも、「伝説」にまでのぼりつめる人は、ほんのわずかしかいない。

幸い、これまでそうした何人かを近くで見る機会に恵まれてきた。その経験をふまえて、彼らの「伝説」の一部を探ってみたいと思う。まず、私の大ボス、トーマス氏から紹介しよう。

彼は全盛期のころ、泣く子も黙る怖いディーラーだった……らしい。「らしい」というのは、彼のドル円ディーラー時代を知らないからだ。私が初めて会ったときには、彼はすでにトレジャラー（国際金融本部長）であり、「ディーリングルーム全体」のヘッドでもあった。

彼は、70年代、外為市場ではまだマイナー通貨であった日本円を取引し始めた。その後、国際市場において円がメジャー通貨へと成長するのに伴い、彼の外為市場における存在感は増した。彼は以前に在籍していたという米銀のロンドン支店を、為替市場において不動の地位にまで押し上げ、多くの若手ディーラーを育て上げた。

こうした背景もあって、彼は市場を通じて、多くの日本人の友人を持っていた。彼が大の日本びいきであると聞いても素直にうなずける。一時期、邦銀のジャパンプレミアムがロンドン市場で騒がれたとき、その不当性を訴え邦銀を支持したのも、当時の銀行協会の要職にあった彼だった。

トーマス氏は「伝説のディーラー」といわれた。伝説となったのは、ただ、為替で大きく儲けて、結果を出したというだけではない。彼の言動が変わっていたからでもある。

トーマス氏は誰が見ても、一見、イギリス紳士そのもの。背が高く、物腰も柔らかくて、言葉使いも丁寧である。ところが、彼を昔からよく知る友人から聞くと、彼はディーリングルームで、自分のデスクについた途端に目つきが変わるというのだ。

あるとき、入りたての見習いアシスタントが勝手にトイレへ行こうとした。相場が動いているときに、1分1秒でも席を外すことは許されない。文字どおり、彼はこのアシスタントの耳をつかまえて、席まで引きずって座らせたという。

また、なぜか外線の電話で話をするときはデスクの下に潜るという奇行もあった。さらに有名な話がある。ある日、ポンド円の取引で巨額の収益を上げた。夕方、お祝いということで、みんなを集めて地下の社員食堂のようなところでパーティをやることになった。ところが、彼が挨拶をして、一杯のシャンパンを飲み終わるか終わらぬかのうちに「ポンド円がまた大きく動き出した」と誰かが伝えに来た。彼は真っ先に食堂を飛び出してディーリングルームに戻り、何食わぬ顔でまたディーリングを始めたのである。パーティーに残された人はその後、どうしたのだろうか。

幸いにも、彼のディーリング歴について直接話を聞ける機会があった。トーマス氏とゴルフの行き帰りに車で一緒になったので、恐る恐る聞いてみた。「今まで一日で一番儲けたときは、いくら儲けましたか？」。数十億円というような数字が出るのかと思ったら、意外にも「数億円ぐらいだったかな」という答えが返ってきた。

数億円でも十分すごいのだが、いくぶん拍子抜けした感じでいると「ユウさん、ディーリングは苦痛《ペイン》だよ」という。「僕なんか、ポジションを持っている時間のうち9割は我慢して、相場が良い方向に向かってくれるのを待っていなければいけないんだから」。

意外な返答に一瞬だけ躊躇したが、「なるほど」と後で理解できた。

当時、彼は大きなディーリンググルームのヘッドになっても、始終、為替のポジションは持ち続けていた。そして、たまに「ここぞ」というときに自分のオフィスから抜け出し、ドル円トレーダーの真後ろで、レートの値動きを追うことがあった。それは彼にとって、まさに1割の時間帯、自分のイメージどおりに相場が大きく動く瞬間を逃さないという、彼一流のスタイルだった。

もう少し説明をしよう。彼が「今後、円が強くなるはずだ」と考えているとする。

実際、先に述べたように彼は親日家で、基本的に「日本経済は強く、円は強くなる」という意見を持っている。しかし、市場はまだまだ円に関しては弱気で、円の買い材料にはあまり反応をしない。それでも「そろそろ転換点に来ているかもしれない」と、彼を含む少数の人は認識し始めていた、という状況だとしよう。

例えば、ドル円が現在123円で、市場はおそらく125円まではつけるだろうと予想していたとする。彼は123円台からドルを少しずつ売り始める。ドル高がいつ転じるか分からないためだ。

ところが、ここからが時間がかかり、ドル円はその後、123円と125円近くをしばらく何日間もかけてもみ合い状態になった。トーマス氏のポジションは塩漬け状態だ。その後も、彼のポジションには売りが溜まってきている。

そのうち「やはり125円は頭が重く、抜けないのではないか」というような思惑が市場を支配し始める。これまで、ドルロング（買い持ち）を持っていた人たちも、利食いを始める。

そのときである。「現在のドル高はアメリカの産業にとって好ましくない」とい

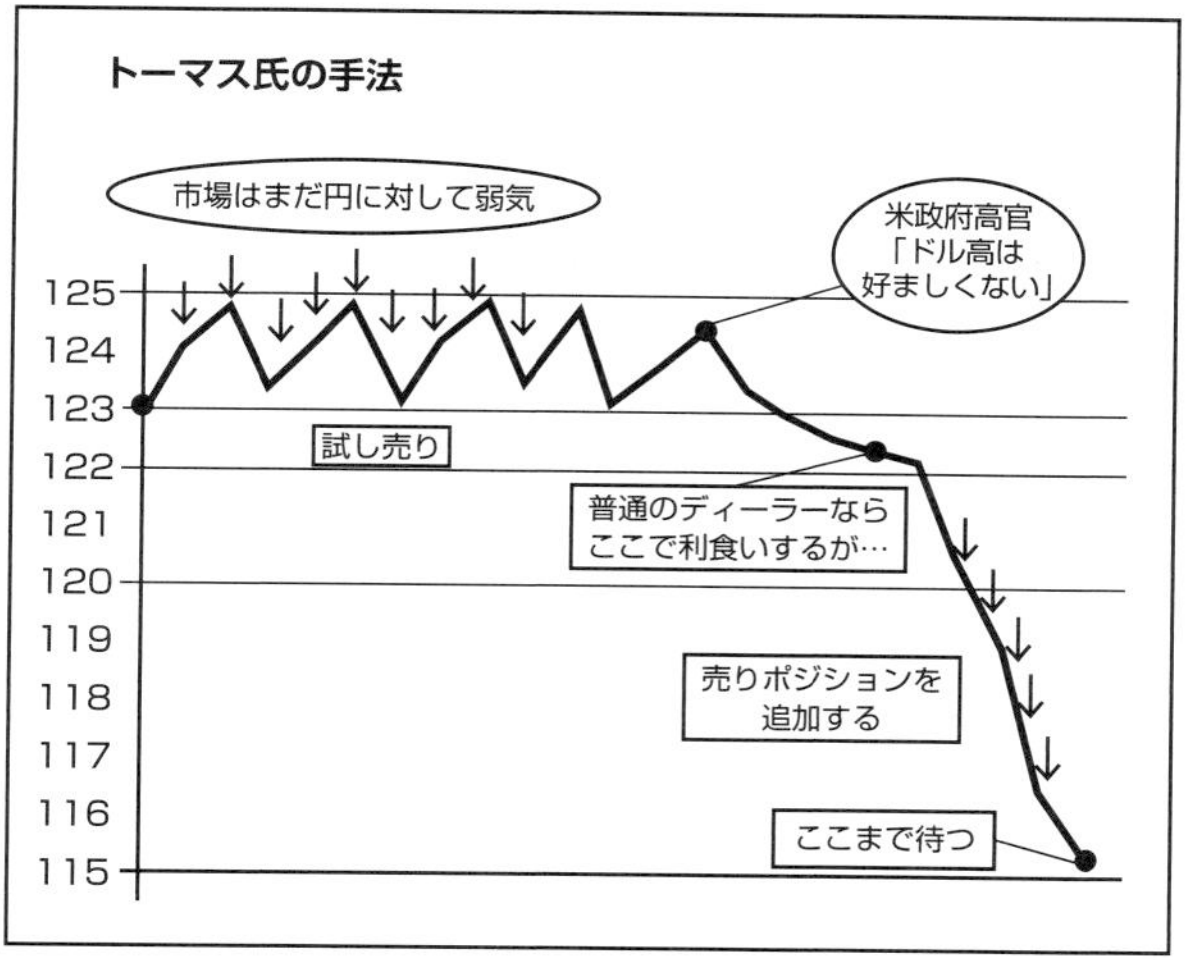

う米政府の高官発言が出たとする。もう、相場はパニックだ。そしてトーマス氏は気が気でなく、間違いなく自分のオフィスから出てくる。

ドルは急速に売られ始め、すでに、124円台から122円台に突入したとしよう。通常、普通のディーラーであればやれやれで、123円台と124円台で作った売りポジションの利食いを入れるが、彼の場合は反対だ。ドル円のトレーダーの後ろで「どんどんドルを売っていい」という。トーマス氏はその日一日ドルを売り続けるわけだ。

その後、ドル円はみるみるうちに120円まで下落したとしよう。これで、ドル円の上昇トレンドは終わり、ドルは新たな下降トレンドを形成し始める。

さらに数日後、ドルの下落は止まらず、ドル円が115円の安値をトライするころになって、トーマス氏はパンパンに溜まった自分のポジションを閉めにかかるのである。

もちろん、現実ではこんなに格好良く儲けることはできない。とはいっても、彼のディーリング手法を少しは感じてもらえたかと思う。

種明かしをすると、彼のディーリング手法には理屈がある。「相場がトレンドを転換したときには、値動きは新しい方向に向かって急激に加速する」というものだ。先の例で、トーマス氏が122円台までに落ちてきたときに利食いを入れるのではなく、さらに売り増しをしたのは、そうした彼の相場に対する哲学があったからである。

トーマス氏はほとんどあらゆる通貨のポジションを持っていた。彼が実際に身を乗り出してトレーディングをするのはほんの一瞬だ。相場が思う方向に動かなければ、機が熟すまでいつまでも耐えていなければならない。自分が信じたポジションは、簡単には変えない。

「9割は我慢して、1割を楽しむ」。これもひとりの男のディーリングに対する美学である。

ビロードの男

ちょっとした表現の違いから流れを読む

先にも紹介した為替チームのボス、軍曹のボブは、トーマス氏とは異なり、短期ディーリングの達人だ。

為替相場では、ほとんどのディーラーが日計り商い《デイトレード》（日中でトレードを完結する）で、長くても数日間ポジションを維持《キャリー》して勝敗を競う。彼らはドル円でいえば、5円や10円を抜こうというのではない、せいぜい1円か2円が利食いのターゲットだ。この相場のアヤを取るディーリングにおいて、ボブのディーリングはピカイチであった。

いうまでもなく、彼の性格は短気だ。何日もかけてポジションがアゲインスト（反対の方向）にあるのは耐え難いし、1日10時間、目の前で十分に稼げるロンドン市場に満足している。

「どうして、いつも、そんなに相場が当たるの？」とボブに尋ねたことがある。するとと彼は答えた。「キソン、20年も同じことばかりやっていたら、少しは上手になるさ」。

彼はなかなか秘密を教えてはくれない。いや、秘密などはないのかもしれない。おそらく彼の勘や感性が、相場の微妙な流れを感じ取るのに優れているのだろうとしかいいようがないからだ。

「キソン、ドル円のシーチェンジが分かるか」と聞いてくる。相場の微妙な「潮の流れ」が変わり始めているというのだ。なにやら、漁師が潮の流れの変化をとらえて、魚群を探索しているかのように思えてくる。

ぼやっとして「何となく」とうなずくと、何も聞かなかったような振りをして彼は席に戻る。しばらくして「今度はどうだ」と来る。「うん、私の客も同じことを考えている」というと機嫌が良くなる。そしてその後、いつも彼の見通しが証明されるので何度も驚かされた。

そうした、彼の短期の見通しを聞きに来る顧客《ファン》が何人もいた。

彼はロンドンの為替部門全体のヘッドで、ディーリングルーム全体のレベルでも、序列からして2番目のマネジャーだ。しかし、彼には自分がトップになろうという気はなかった。彼は言う。「何よりも為替市場から離れたくない」。

彼は、マネジメントのミーティングにもほんの一部だけ参加する。それ以外は、四六時中、机にへばりついて市場を見ながら、デスクワークもこなす。お昼もほとんどが机の上で（ほかのディーラーもそうだが）、サンドイッチか何か軽いものを食べる。たまに機嫌が良いと、「今日は寿司にしよう」といって、チームみんなで注文をとる。とにかく、体は常に市場と一体だ。長い間、片時も離れず、為替市場に参加してきた彼の勘は鋭く、感性も敏感だ。

幸い、彼は知性にも恵まれていた。さまざまな政府高官、役人のコメントについての解釈が細かい。微妙な発言の変化から政策転換を読み取るのが実にうまかった。

あるとき、東京で日銀の為替責任者と一緒に会ったことがある。

「前回会ったとき、彼は介入という言葉を自分からは語っていなかった。しかし今回は二度使った、おそらく彼らはかなり真剣にタイミングを考えているはずだ」

たまに深読みしすぎることもあるが、彼の分析は正確であった。為替のチームはニュースや高官発言が出るたびに、彼の解釈を当てにしたのである。

むろん、彼も為替チームという荒くれ集団を統率しなければいけないので、ときには大声で叱り飛ばすこともある。派手に相場を張ったりすることもある。だが、そういうときは逆にうまくいかない場合が多い。

少々褒めすぎかもしれないが、彼の真骨頂は、ビロードのように滑らかな感性で相場の流れにうまく乗るところにあるのだ。

飛びつきバッタという生きかた

情報に〝感じない〟と儲けられない？

ニューヨーク支店に、キューバからの移民で名物のベテラン為替ディーラー、「ベラフォンテ」という人がいた。キューバ革命のさなかに命からがらアメリカへ逃れた彼は、為替取引だけで財をなした立志伝中の人だ。大家族を養い、何軒もの家を持った彼は、アメリカンドリームの体現者だった。ＦＲＢにも彼の信奉者はいたし、日本人のなかにも彼のファンがいた。

こうした一流のプロを指してバッタと形容するのも不遜のかぎりであるが――私が会ったときはすでに引退前で、外見はバッタというよりはむしろガマガエルのほうに似ていたかもしれない――彼のすごいところは、年をとってもなお現役で、為替の材料が出ればすぐそれに飛びつくという習性を持ち続けたことである。

例えば「クリントン、モニカ・ルインスキーと……」と情報端末からニュースが流れ始めたとしよう。すると彼はすぐドルを売る。あるいは「日経新聞の朝刊に、日銀が公定歩合を今日にも引き下げるという記事が出ている」といううわさを聞いたとしよう。すると彼はすぐ円売りを仕掛ける。

とにかく、情報が出たらそれに飛びついて、市場の反応を見てみる。思惑が外れ、途中で市場から振り落とされるかもしれないが、しばらくはへばりついてみる。

この繰り返しで、彼は身体で相場を覚え、年齢を重ねても24時間戦っていた。そして、勝ち続けていた。とにかく、どんな材料でも、自分にとって重要だと思えば飛びついてみる。先にポジションを取ってみて、それから考える。

簡単のように見えるが、頭の良い人にはこれができない。「どうせ、この材料はまやかしだ」とか、「以前にもこの話は出ていた」とか、情報不感症になりがちなのだ。理屈好きの人も、レポートばかりを読んで新規の材料には飛びつかない。

私の顧客の中に若手がリスクを取らなくなってきたと嘆く人がいた。「ディーリングの手数が少なく、みんなが評論家になって困る」と言っていた。

相場では、素直で、多少おっちょこちょいの人のほうが儲けるのは上手だ。彼らは謙虚でシブトイ。材料に飛びついて、振り落とされても簡単にはへこたれない。市場の大先輩の姿から得た私の教訓である。

神を意識する男

強者トレーダーの意外な共通点

顧客として私が直接知るなかで、韓国人と日本人にひとりずつ、長らく相場で勝ち続けてきた強者トレーダーがいる。

東京、ロンドン、ニューヨークで仕事をしていたリーさんにニューヨークで話を伺ったことがあった。彼は大手米系証券で働く為替のプロップで、数少ないアジア人のひとりだった。彼はなぜか、東北なまりのある流暢な日本語を話す。

「ユウさん、トレーダーはみんな馬鹿なんだよ」。そして「為替の市場は頭の悪いトレーダーが、いつも何も分からず売り買いをするからオーバーシュートするんだよ」といつも言う。言い得て妙で、その頭の悪いトレーダーのおかげで彼は儲けているると考えると複雑な気持ちにもなる。

彼は昔からチャーチストだ。「チャートを見れば全部出ているね」と占い師のようなことを言う。むろん、彼のチャート分析に関して詳しくは絶対に教えてくれない。儲けていたから、たぶん分析は正しいのだろう。

「為替市場はオーバーシュートする特性を持つ」ということを身体で感じていて、明確なトレンドを追えそうだと判断したときには、大胆に市場に参入するのが彼のスタイルだった。

彼の特徴のひとつは、ポジションのストップロス（損切り）をかなり近めに設定するところにもあった。「相場の方向性を間違ったとしても、すぐに修正が可能だから」。彼は、絶対に大損しない人でもあった。

もうひとつ、彼はスプレッド（売り買いの開き）には異常にうるさかった。その証拠に、例えばスプレッドが彼の見込みよりも一銭でもワイドであれば取引しない。ときどき「ユウさん、僕は神様を信じているんだよ」という。実際、彼は敬虔なクリスチャンだった。

もうひとり、日本の大手企業に勤めている人としては珍しく為替の専門家で、海外の連中とも対等に渡り合える数少ないプロがいた。彼は毎年、億単位の収益をコンスタントに稼ぎ続けていた。

彼もボブと同じく、相場の短期の値動きを取るのが抜群にうまい。また、手数も普通でなく、さらにあらゆる通貨に手を出す。

なぜ、彼がそれほどまでに結果を出すことができたのか。私がみたところ「彼が金融機関のセールス使いの名人であった」ことに、その理由がありそうだった。

彼は、貴重な情報が複数の銀行から常に真っ先に自分のところに入るようにアレンジしていた。金融機関のセールスはいうまでもなく、仕事をくれる顧客のところへ一番先に良い情報を運ぶ。売買回数が多いのも口銭《こうせん》（為替の手数料）を銀行に落とすための撒き餌みたいなものであった。彼は顧客の立場をフルに活用した天才だったと思う。

こんなに成果を出しているにもかかわらず、彼も謙虚であった。毎年、ディーリングの願をかけに神社に行くし、彼も「ユウさん、僕も神様を信じています」と言う。おそらく、ディーリングを通して人智を超える体験を何度もしたことで、彼は畏れや謙虚さを学び取ったのだろうと思う。

相場に勝ち残った人はみんな、謙虚だ。そして神を畏れている。

ヘッジファンドの生き残りたち

自分の持ち駒はけっして見せないポーカーフェイスで乗り切る

浮き沈みの激しいヘッジファンドの世界にも、数少ない生き残り組がいる。昔、そのうちのひとつである某ヘッジファンドのニューヨークにあるオフィスを訪れたことがある。

受付から最初に案内された場所はスポーツジムだった。四六時中、24時間体制で相場を追っているので、運動不足を補うために社内にジムを設けたという。最初から私は煙に巻かれた。

通常、ヘッジファンドの為替取引は「グローバルマクロ」という、分かるようでよく分からない名前で説明される。どういう方針で為替の取引をやっているのかと彼らに聞くと、たいがい「テクニカルです」と答えてぼやかされる。多くが自分たちはチャートでトレードしているという。彼らの独自のチャートシステムが売り買いのシグナルを出しているのだろう。その内容は彼らの一番の企業秘密だ。しかし、魔法のような万能のシステムがあるとはどうしても考えにくい。あるとすればディーラーたちの「スキル」としかいいようがない。長年の取引で培われた知恵、技術というものである。上手に相場を当てることだけがスキルではない。ポジションのマネジメントの仕方が優れていることも立派なスキルだと思う。

例えば、ファンドの生き残り組に共通していたのは、いずれも短期のディーリングに徹していたことである。ポジションのキープ時間は、通常は数日、長くても1週間程度。頻繁に売り買いを繰り返していた。

大手のファンドになると、得てして、一度に巨額の資金を動かし、長期で大相場を取ろうとして手口も丸見えになる。結果として、市場の格好の標的になり、無残に敗退するのがオチであった。

それに比べ、生き残り組には共通して手口が見えなかった。オポチュニスティック（臨機応変）であったから、プライスを聞いてきたとき、銀行は売りか買いかが簡単に読めなかったのだ。

「手の内を明かさない」「頻繁に相場のアヤを取りに来る」「ロスカットは早い」「瞬発力がある」。こうした性格が彼ら数社の特長だった。

「お宅はよっぽど優れたテクニカルのシステムをお持ちなんですね」。一度、成功しているファンドの関係者にそう聞いたことがある。彼は答えた。

「うちは、外からはそう見られているようですが、実は全部ひとりのボス……、ファンド創設者の勘でやっているんですよ」

ヘッジファンドの奥は深いのだ。

ガイ・ハンズという男

休暇でウェールズの田舎の小さなホテルに泊まったことがある。インテリアがこぎれいで、7つか8つぐらいのホテルチェーンのひとつとか。聞いたことがない名前なので、オーナーは誰かと聞くと「ガイ・ハンズ」だと言う。「ええっ」と思わず声に出してしまった。

ガイ・ハンズは当時、野村ロンドンのプリンシパルファイナンス部門のヘッドだった。彼のチームがイギリスのパブの全国チェーンなどを買収したりして新聞紙上を賑わせていた。そうしたなか、何よりも世間の注目を浴びたのは彼が手にした巨額のボーナスだった。日本円で80億円ぐらいをもらっていたと思う。

彼はゴールドマンサックス証券を飛び出し、自分が考えるプリンシパルファイナンスの手法を野村ロンドンに持ち込み、採用された。簡単にいうと、彼の手法は巨額の自己資金を使って、ローテクで経営の立ち遅れた会社を買収し、きれいにマネジメントを立て直したうえでほかに転売するやり方である。ひとつの案件が数千億円にも達し、売却益も数百億円単位だったと思う。

通常、企業買収のアドバイザーであれば、せいぜい手数料は数％ぐらいしかもらえない。しかし、彼らは元本（プリンシパル）のリスクをとって、後にそれを元本の最低数十％以上の価格で第三者に転売するわけだから、もうけるケタが違っていた。

イギリスで改めて感じたことは、分野が何であれ、この社会では本当にオリジナルな仕事をする人が尊敬されるということである。学者であれ、作家であれ、芸術家であれ、オリジナルなものがなければ作品は評価されない。逆にいうと、非常に厳しい競争社会が前提としてあり、そのなかで人とは違うことをすることが常に要求される。

ビジネスの世界も同様で、人の真似をする人は注目を浴びない。また、大企業に勤めている人よりも、小さくても自分で事業を起こしている人のほうが一目置かれる。そして、ハンサムに、スマートにお金儲けをする人は尊敬される。

ガイ・ハンズは当初、新聞に「彼は毎日、旧式のボルボのワゴンで出勤し、夜遅くまで仕事をする、仕事しか興味のないワーカホリック」のように書かれていた。みんなが「彼はお金の使い道に困るだろう」と勝手なことを書き立てていた。

そのうち、彼のプライバシーのベールもはがれ始め、何かのインタビューに「自分は儲けた金で本格的なサーキット場を作りたい」とコメントをしているのを見かけたことがある。さすがに「夢もでかい、面白い人だ」と思っていた。そんな矢先に、ウェールズのホテルで彼の名前を聞いたので、私もびっくりしたのである。

転じて私はというと、目先の1銭2銭を稼ぐために必死の野獣の中にいて、日々、同じことの繰り返しをやっていた。もう少し頭を使い、ハンサムに儲けることも考えなければと、我が身を振り返る休暇になってしまった……。

第3章　ヘッジファンドのオーバーシュート

ヘッジファンドのパワーは凄まじかった。彼らは通貨を攻撃し、瞬く間にアジアの国々を混乱に陥れたのだ。私はアジアの通貨危機で、当局の規制が効かないマネーの恐ろしさを実感した。

そして危機のさなか、アジアで逆に地位を上げることができたのは中国だけだった。

国が亡くなる？

対岸の火事ではない？　韓国の通貨危機

私がロンドンに滞在した90年代後半は、数々の通貨危機が起こった。外為市場は混乱し、市場は疲弊した。「テムズの取引所」から垣間見た通貨危機の一端をお伝えしよう。

「キソン氏、ナラガマンハンダ（国が亡くなる）」

電話の奥のキンさんの声から緊張したディーリングルームの雰囲気が伝わってきた。

1997年の暮れにかけて、韓国は外貨が底をつくという未曾有の危機に陥った。私は韓国の中央銀行との為替取引も担当していた。その年の夏にソウルの市庁近くにある韓国銀行のオフィスに訪れたときにはまだ緊張感がなかった。タイバーツの危機は対岸の火事で韓国は大丈夫と思われていた。それが瞬く間に、まるで伝染病のように韓国にも飛び火したのだ。

当時、自己資本の何十倍もの資金を借り入れていた財閥の海外拡張路線は行き詰まり始めていた。まず韓国の銀行のアジア向け貸し出しについても焦げつきが予想されていた。また、韓国の証券会社がロシアをはじめエマージングマーケット（新興国市場）にかなり投資していた事実も明らかになりつつあった。素早い外資系企業は、その年の夏ごろからすでにウォンを売りはじめていたのだ。

それまで、韓国のヨーロッパへの進出は目覚ましいものがあった。連日、韓国企業がヨーロッパ企業を買収するとかの話でにぎわっていた。イギリスでも、あるスポーツカーメーカーを大宇グループが買収するという観測記事が新聞に何度も出ていた。

そのころは、私の銀行のアジア担当法人営業部門でも、韓国から進出してきた企業とのビジネスのほうが日本企業のそれよりも忙しくなっていた。ロンドン郊外にある名門のウェントワースゴルフ場も以前とは様変わりし、韓国人駐在員が日本人以上に大手を振るってプレーをしていた。

こうした韓国企業のユーフォリア《浮かれ気分》が続いていたとき、悲しい出来事が起こった。韓国大宇の幹部の一人が、ポーランドで自動車事故に遭って亡くなったのである。その方とは私も何度か面識があった。非常に人柄がよく、包容力のある人だった。

そのころ、大宇はポーランドの自動車会社を買収していた。大宇の会長がポーランドを訪れ、その調印式か何かの式典がもたれる矢先のことだった。遅れまいと大雨のなかを車で飛ばして向かう途中、スリップ事故を起こしガードレールに激突した。同乗していた米系の銀行家一人を含め、乗っていた4人全員が亡くなった。まさに企業戦士の壮絶な死だ。後に、ロンドン郊外の事務所に花束を手向けに行った。

あまりに急激な韓国企業のヨーロッパ席巻と、その影の部分を象徴しているような事故だっただけに、鮮明にそのときの印象が残っている。

さて、横道にそれたが、韓国中央銀行からの電話越しの声は真剣味を帯びていた。ディーリングルームには銀行の幹部も集まっており、緊張した雰囲気が伝わってきた。

彼らは、平時は外貨資産を複数の通貨に分散して運用していた。しかし、韓国内で外貨がみるみるうちに不足するのが明らかになると、マルク、フラン、ポンド、オーストラリアドルなど、比較的高金利の通貨を売ってすべてドルに転換し、急場のドル需要に備えた。

当時は、多くの韓国民が自分の持つ金《きん》の装飾品を政府に供出していた。その額が1000億円以上にも上ったとニュースにもなったが、それでも足りる状況ではなかった。

そのころ、私の日課のひとつは、毎朝、イギリスの経済紙であるフィナンシャルタイムズの韓国関連記事をファクスで韓国銀行に送ることであった。当時、この新聞は韓国では一日遅れでしか入ってこなかったのである。この新聞に韓国のネガティブな記事が載るたびに、津波のように外人はウォンを売り、資金を引き上げていった。

当時、韓国銀行からは1件で5000万ドル単位の注文が相次いだ。これが、何週間にもわたって続いた。すべてドル買いである。そのころは韓国から日々流出する外貨の額が公表されており、私も直感的に「この国の外貨はあと数億ドルで底をつくかもしれない」と肌で感じていた。それほど事態は切迫していた。冒頭のキンさんの発言はそのときのもので、誇張ではなくまさに国が破産する寸前だったのだ。

クリスマスも過ぎ、韓国への国際的な資金援助の枠組みができて、ようやくその年を越すことができた。ＯＥＣＤ（経済協力開発機構）加盟直後の通貨危機だっただけに韓国の評判はガタ落ちだった。

1年後に、韓国の金大中大統領（当時）が日本に来たとき、日本からの金融支援に対して率直に感謝の意を表したのは、国の破産を助けられた感謝の気持ちが素直に出たものだと思う。しかし、当時の新聞記事は「危機当時は、民間銀行の幹部はとりわけクリスマスを台無しにされて不平たらたらだった」と伝えていた。

翌年1月の末ごろになると、韓国銀行が危機以来、初めてドル売り、他通貨買いのオペレーションを行ってきた。しばらくぶりのドル売りだった。ロンドンのディーリングルームでも、ディーラーの間から瞬間、ため息が漏れたような気がした。私たちが見た韓国の通貨危機がひとまず過ぎ去ったことを確認した一瞬だった。

いい加減にしろアジア危機

アジアを焼け野原同然にした通貨危機は、バーツ売りから始まった！

アジア危機の最初の兆候はタイから始まった。

１９９５年、96年ごろはロシアや東欧、アジアの株式市場は活況を呈していた。ロシアを投資先としたオフショアファンドが年率１００％近くの運用成績を出し、アジアもののファンドでも30〜40％の運用成績を出していたのだ。私もよく調べもせずに、これからはアジアの時代だと思って、つい投信を買ったりしていた。

96年の暮れ、『ビジネスウィーク』誌にいやな予感のする記事が掲載された。「アジアの通貨はドルに連動し過大評価されている。ファンダメンタルズは悪化しており、外資も含め過大な投資が行われており、とりわけ、タイが一番問題だ」という1ページの記事であった。

不思議と悪い予感は当たる。その後、半年もしないうちにアジアは大変なことになってしまった。私もなけなしの投資から抜け出すのに苦労した。

再びディーリングルームに戻ろう。危機が始まりかけたころ、タイバーツは1ドル22〜23バーツ近辺で推移していた。25を超えると一気にバーツ売りが加速すると思われていた。セールスチームのタイ中央銀行の担当は電話をつないだままで、常時、タイの中央銀行に相場の動向を伝えていた。

バーツがじりじりと値を下げ始めた。最初の緊張の瞬間がほどなく訪れた。タイの中央銀行が初めて大きな金額の介入に乗り出し、バーツ買いの注文を入れたのだ。タイの中央銀行の職員は徹夜でバーツを死守するための話をしていたようだ。

ところが、まったく偶然に、まさしく同じタイミングでその介入額と同規模のバーツ売り注文が、米系証券から入った。バーツのトレーダーが一瞬あっけに取られていた。彼は何もせずして、瞬間に売り買いのサヤを稼げた。

残念ながら、最初から勝負は決まっていた。だいたい米系の証券会社のトレーダーやヘッジファンドは、毎日徹夜同様の生活を送っていて、相場の駆け引きもよく分かっている。始めから、赤子と大人の勝負だったのである。

一国の中央銀行と民間の一証券会社が同じ力を持っている。「これはまずいことになる」と思ったときには、もう誰にもバーツ安の流れを止められなかった。

このころから、世間でもヘッジファンドが一躍脚光を浴びる。ファンドのトレーダーたちは、もとは銀行や証券会社出身の連中だ。平均して数千万ドル、大きいところでは何十億ドル以上もの投資ファンドを運営していた。

ファンドは、当初は個人の余裕資金を元手とする。ヘッジファンドはオフショアのタックスヘイブンに会社を作り、当局の目が届かないところで活動していた。彼らは、フットワークの軽い連中で、儲けるチャンスがあればどこへでも手を出す。そして、自己資金の何十倍ものレバレッジを掛け、自由に資本を動かし、市場への影響力を行使した。

とりわけ、タイバーツなどのアジア通貨はドル、円、マルクなどの主要通貨とは違い市場の取引規模も小さかった。だからこそ、ヘッジファンドがこの市場で大きな資金を動かせば、それだけ影響力も絶大になるわけだ。

タイに続き、マレーシア、インドネシア、さらに、ブラジル、ロシアへと通貨危機が及んで、さすがにこれはやりすぎと思わざるを得なかった。マレーシアの首相マハティールがソロスを批判して「何十年もかけて国家建設をしてきたのに、無責任なファンドごときに国を潰されてたまるか」という趣旨の発言をしたとき、心情的には私もマハティール寄りだった。

しかし、実はヘッジファンドばかりを悪者にするのは筋違いだった。というのも、銀行や証券会社のトレーダーたちも、ヘッジファンド以上のポジションを市場規模の小さいアジアの通貨市場に仕掛けていたからである。ファンドのレバレッジも、銀行や証券会社が与信を行わなければできなかったことだ。

こうしてアジアがまさに焼け野原同然になり、投機資金が市場からすっかり引いていくのを見て、私はマネーゲームのひとつの頂点を見た気がした。本来フェアであった為替市場が足を踏み外した瞬間であったかもしれない。

余談だが、当時、私の銀行の会長は政治的配慮から「銀行がヘッジファンドに加担している」と見られることを極度に恐れた。〝ヘッジファンド〟は彼が一番嫌いな言葉だった。

現場としては「ヘッジファンドも良い顧客のひとりなのだから、彼らの動きも知りたい」という本音があった。しかし、この銀行はその後ほとんどのヘッジファンドとの取引をやめてしまった。目先の短期的な利益よりも、長期のアジア各国への政治的配慮を優先したのである。

中国と香港のしたたかな面々

やはり、最後に危機を救うのは優れた人材である

アジアの通貨危機が峠を越して、相対的に地位を上げた国（地域）がある。それは中国と香港だ。危機のさなか、中国政府の姿勢は一貫して人民元を最後まで切り下げなかった。投機筋が人民元の先物売りを行ったが、結局は撃退された。

このとき、香港も見事に立ち振る舞った。「香港ドルの米ドルへのペッグ（連動）制が失われるのではないか」と市場では頻繁にうわさされ、ヘッジファンドも何度も香港ドル売りを仕掛けてきた。しかし、これも金融当局の見事な采配で彼らの動きを封じ込めてしまった。タイやマレーシアと比べると、当局の担当者の力量に明らかな違いがあったのだ。

ペッグ制からの離脱の思惑が欧米市場でくすぶるなか、香港の金融当局の幹部がニューヨーク経由でロンドンにもやってきた。市場関係者を招いたレセプションが

開かれ、私もそれに参加した。彼は流暢な英語で朗々と「現在のドルペッグ制は維持される。外貨準備も潤沢にあるから、外国人投資家は心配することがない」と自信を持って説き、参加者に強い印象を与えた。

彼はそのころ、新聞にも何度も登場し、彼らの考えを市場に伝える努力をしていた。

後に、度重なる香港ドルへの売り圧力がかかり、株式市場も下落し続けていたとき、金融当局は何百億ドルという株式の買い支えの介入に出て市場を驚かせた。また、短期金利を吊り上げ、香港ドルのショート（売り）ポジションをくじく策にも出た。その結果、ペッグ制は無傷に終わった。

香港の金融当局は、市場と正面からやりあうことができる優秀さを備えていた。このことは、タイの金融当局の対応と比べれば歴然だった。

ところで、私の銀行は香港や中国に巨大な利権を有していた。そのため、香港・中国情報に関しては最大限の注意が払われていた。エコノミストやアナリストはおろか、トレーダーやセールスでさえも「人民元は切り下げられるとか、香港のペッグは改められるべきだ」ということを勝手に口にすることはタブーであった。この点、市場関係者はよくわきまえており、クビになりたくない者は誰も口を滑らすことはなかった。

後日談だが、99年に入ってから、人民元の切り下げの思惑が冷めやらぬころ、中国人民銀行（中央銀行）のチーフディーラーを東京で案内したことがある。

タクシーの中で彼は始終、香港やシンガポールの銀行と携帯で連絡を取り、相場を追っていた。ブランドの衣服に身を包んだ彼の姿は、民間銀行のプロのディーラーとまったく変わりがなかった。

私の銀行の香港にいるボスも以前、頻繁に北京詣でをしていた。このチーフディーラーを含む中央銀行の幹部とも常に情報を交換していた。欧米の投資銀行の幹部も北京に日参していたと思う。

中国にはそのころから市場と十分に対話できる人材が育っていた。このことが、アジアの通貨危機を乗り越えて、逆に彼らの地位を高める結果になったのだろう。

ロシア危機が証明したソロスの理論

これは、ジョージ・ソロスの失敗なのか？

通貨危機がアジアからラテンアメリカ、ロシアへと波及するにつれ、ロンドンのエマージングマーケット（新興国市場）のチームは忙しくなった。

私の銀行も、このチームに米銀行からベルギー人女性のヘッドをスカウトした。彼女は地球の裏側にあるラテンアメリカの市場と付き合わなければならないため、毎日寝不足で目はいつも充血していた。

エマージングマーケットの朝のミーティングは彼女が仕切った。彼女のチームには、いつごろからか、気がつくとロシアから2人のトレーダーも来ていた。一時期、ロシアの1日の金利が150％に上がるようなこともあった。毎朝、ロシアの金利動向を見て、マルクが売られたり買われたりすることがあったため、為替の顧客もロシアに強い関心を抱いていた。

1998年夏にロシア危機は起こった。私にはそのときのソロスの動きはよく理解できなかった。

彼はロシアの経済改革を後押ししており、ロシアに対してもすでに巨額の投資をしていると言われていた。当時、ロシアの通貨であるルーブルの切り下げか、現状維持かで、活発な議論が交わされていた。ソロスはルーブル切り下げ反対派とみられていた。

そうした微妙な時期に、彼のコメントがフィナンシャルタイムズに掲載された。それは「ルーブルの切り下げがなければ、ロシア経済の立ち直りは難しい」とも読める内容であった。早朝の電車の中でその記事を読んだとき、私でさえも「これはヤバイ」と思った。

案の定、その記事がきっかけとなり、ルーブル売りが殺到した。ソロスがその後の会見で、ルーブルの切り下げを意図したものではないと説明しても後の祭りであった。

結局、ルーブルは大幅な切り下げを余儀なくされた。ソロスの投資したルーブルの価値も大変な目減りをしたため、彼の真意を図りかねた。

ソロス本人は直接、為替市場には手を出すことはなかったと思う。当時、彼の率いるクォンタムファンドがどういう為替のポジションを持っていたかは想像がつかない。だが、ソロスほどの人物の発言になると、相場への影響力も大きい。ただ言えることは、ロシアに関しては、彼は自分で自分の首を絞めることになった。

彼はいうまでもなく、市場参加者と市場との相互作用性を唱えた人であった。皮肉にも、ロシアの例はその理論を多大なコストを払って証明することになってしまった。

タイガー　森に消える

巨大ロスカット「何でもいいからドルを売れ」

1998年末はロシア危機、LTCM（ロングターム・キャピタル・マネジメント）の破綻によって、前年から続いたヘッジファンドの猛威が終わりに近づいているときだった。

私見では、LTCMの破綻に、同情できない。彼らは、ノーベル賞の肩書きを持つ学者や元政府高官を引っ張り出し、体裁ばかりを整えて、スマートに金儲けをしようとして失敗した。結局、最後は当局に始末をお願いした情けないヘッジファンドである。有名なヨーロッパの資産家ファミリーのみならず、イタリアの中央銀行までこのファンドに出資をしていたというから、あきれてしまう。

私の知人にLTCMのせいで1000億円近くの損失を被ったアメリカ証券会社の役員がいた。彼はニューヨークへ行き、直接ファンドの最高責任者から説明を受けたものの、「当人はまったく事の重大さを認識しておらず、申し開きもなかった」と言って憤慨していたことを思い出す。

さて、為替市場でもこの年の10月にとんでもないことが起きた。これだけは記憶力の悪い私でも鮮明に覚えている。その年の10月7日、私はほぼ5年近くのロンドン勤務を終え、東京支店に戻るための帰路についた。その週は、週初からドルが売られ始めていた。135円ぐらいで始まったドルが週半ばには120円台のミドルにまで下落した。

ロンドン出発当日も、朝からドル円は売られていた。気になってヒースロー空港からニューヨークの同僚に電話をしたら、ドルはすでに5円以上は下げていた。原因はよく分からないが、ファンドがむちゃくちゃに売っているようだという。その後、12時間のフライトを終え、成田空港から東京のディーリングルームへ連絡をしたところ、ドルはさらに下げ、120円を割り込んでいた。

1985年のプラザ合意の翌年から市場を見てきた私は、2日で10円以上、1週間で20円も値下がりするようなドル安を見たことがなかった。

その日、東京のオフィスに出ると、騒然とした雰囲気になっていた。「アメリカのタイガーファンドがドル円のロング（ドル買い円売りのポジション）を切るために、おそらく2万本、２００億ドル（2兆４０００億円）以上売ったのではないか」。これが、ドル急落の説明であった。

当時は安い円資金を調達し、他通貨の株や債券で運用する円キャリートレードが流行しており、彼らが香港ドルなどに仕掛けていたことも市場で耳にしていた。しかし、内部の台所事情はうかがいしれない。

彼らのように数百億ドルものポジションを積み上げたときに、いったんポジションを閉めるとなると、もはやプライスの問題ではなく流動性の問題になる。おそらく「何でもいいからすべて売れ」という指示が出たものと思われる。

「ヘッジファンドといえばソロスに次いでタイガーファンド」と言われた時代である。彼らは当時「数千億円の損失を出した」と言われた。その後、当然というべきか、顧客からの解約が相次いだ。ついにしばらくして、創設者はファンドを閉じる決断をした。タイガーが森へ帰った瞬間だった。

第4章　相場は誰に聞けばいいの？

毎朝、市場の情報は新鮮だ。そして相場は日々新しく、いくら学んでも尽きることはない。

相場は心理戦で、「悪い予感が当たる」マーフィーの法則が貫徹する場所。為替のレートはあらゆる商品価格と同じく、最後は需給によって決まるのだ。

新聞の市況欄は読まなくてもいい？

「読まなければ」という使命感がなくなってきたら本物

「相場は相場に聞け」という昔からの格言がある。これからしばらく、私の体験に基づいた相場の話をしてみたい。

相場は銀行や証券会社のトレーダー、セールス、エコノミスト、アナリスト、そして無数の企業、機関投資家、個人投資家などから形成されている。市場でどんな話が交わされているか、誰が何をしているのかについては相場に入ってみないと分からない。

通常、金融機関のディーラーたちは毎朝、まず海外の本店・支店から社内向けに送られてくる市場コメントを読む。そこには相場を動かす材料となった事柄や、大口プレイヤーの動向、利食いやストップロスのオーダー、そして、話題となったさまざまなルーマー（うわさ）が書かれている。

それから、ロイターやブルームバーグなどの情報端末、調査会社からのコメント、リサーチなどに目を通し、短期や長期のチャートをチェックする。さらに、最新のオーダーボードを確認し、大口の利食いやストップロスがないかを調べ、オーダーの置き方から各通貨の市場ポジションの偏りを推測する。こうした作業の過程で、ディーラーたちは自然にその日１日の相場展開を頭で描く。

ここまでの作業に１時間近くは掛かる。しかも、かなり集中して行うので、ほぼ１日の半分は終わったような気分になる。後は、顧客や友人に電話を掛けて情報交換を行い、顧客の相場観やニーズを確認する。その後は、市場の流れに任せて相場を追うだけである。

東京市場のディーラーで、日本経済新聞を読まずに会社にくる人はまず皆無であろう。ところが、ロンドンの為替ディーラーは、経済紙であるフィナンシャルタイムズを読んでくる人はまずいない。同僚のディーラーたちが手にしているのは、ほとんどがタブロイド紙だ。朝は、前日のフットボールの結果のほうが大事なのだ。

話を戻そう。インターネットがまだ普及していないころ、よく東京の顧客から「ユウさん、うちにはファクスでの情報はいりません」と言われた。

大手企業の為替担当の部署には毎朝、何百枚もの市況コメントが届く。そのうち、実際に読まれるのはせいぜい5枚程度である。本当に価値のある情報は数えるほどしかない。残りは、そのままゴミ箱行きである。

そんな事情もあって、東京支店で市況コメントを作成するときには、他銀行では出ていないような内容にするため、かなり苦心した。今でも、捨てられない5枚の中に入っていたことを祈るばかりである。

為替の情報はほとんどが公開情報だ。インサイダー情報で〝確実にこう動き、儲かる〟という話はまずない。インターネットが発達した今では、個人の場合でも、多少のハンデはあるだろうが、丹念に情報を取っていけば十分に銀行のディーラー並みの情報は持ち得る。

お勧めはグローバルに展開している銀行や、証券会社のホームページに出ている市況コメントにアクセスすることである。理想をいえば、東京やロンドン、ニューヨークのコメントをひとつずつ選びたい。海外のものは英語だが、次第に慣れてくる。自分が読みやすいコメントを選べばよいのだ。

英語でも、日本語でも、同じコメントを毎日読んでいけば、市場参加者の微妙な息づかいの変化を感じられるようになる。そうすれば、すでに相場に参加しているひとりとして、市場との一体感を感じることができる。そのうち、朝方に新聞の為替市況欄に目を通すことさえ忘れてくるだろう。

「センチメントはどう？」が朝一番の合い言葉

知りたいのは「強気」か「弱気」か

「キソン、東京のセンチメント（雰囲気）はどう？」

毎朝、同僚が聞いてきたセリフである。

東京市場のセンチメントがロンドン市場のオープニングの動きに影響を与える。為替相場は寝ている間でも動いている。朝一番は、東京市場の雰囲気をつかみ、アジアのディーラーたちのセンチメントを共有することが仕事になる。

相場は心理戦である。市場参加者のセンチメントをお互いに探りあう必要がある。センチメントは、やや強気（弱気）、かなり強気（弱気）、むちゃくちゃ強気（弱気）という程度でしか表現のしようがなく、数値で表すことはできない。

東京の顧客で面白いところがあった。10ぐらいの銀行のディーラーに、毎朝電話で「今日は強気（ブル）か弱気（ベア）か」とアンケートをとっていたのだ。たいがい、全員が強気（弱気）だったら、まずかなりの確率で相場はその反対の方向へ行く。つまり「センチメントは市場参加者のポジション（買い持ちか、売り持ちか）をかなり正確に反映する」ということである。

例えば、みんながドルに強気でポジションをロングに傾けすぎると、いくらドル買いの材料が出ても新しく買い向かう人が現れず、やがてその値動きに失望して、見事に相場はその反対の方向へと動き出すのである。多くの人がロスカットをさせられるまで、この動きは止まらない。

そのため、最初から市場のセンチメントとは逆のポジションを仕込んでいれば、みんなが損切りするときに、自分は利食いができるのである。

このようにセンチメントが傾きすぎ、多くの人がロスカットをさせられた後は、市場のセンチメントは「かなりのブル」から「ややブル」程度へ変わっていく。この微妙なセンチメントの変化を、相場ではいつも共有していなければならない。

ついでに、為替の世界では英語を多用するので、ひとこと。センチメントを表すのに「ブル」「ベア」という言葉を使う。ブル（bull）は牛のこと、ベア（bear）

は熊のことである。ブルが闘うときは下から角を突き上げる、熊は上から襲い掛かる。このイメージから「ドルブル」というのはドルが上がるほうに賭けること、「ドルベア」はドルが下がるほうに賭けることの意味として使われる。

為替の世界は巨大なブルとベアの格闘場だ。ドルの上がるほうが強いのか、下がるほうが強いのかを見極めてから、ブルかベアの動きに乗らなければならない。ブルもベアもときどき、大きな身震いをする。安易な同乗者はそのときすぐさま振い落とされてしまう。

英語にも曖昧な表現があって、「上がるほうだと思うよ」という場合には「ブリッシュ（bullish）」といい、「下がるほうかな」という場合には「ベアリッシュ（bearish）」という。ついでながら、「ほぼ高値圏かな」というときは「トピッシュ（toppish）」といい、底値圏は「ボトミッシュ（bottomish）」という。

ブリッシュ、ベアリッシュ、トピッシュ、ボトミッシュという4つの言葉を知っていれば、大体、為替ディーラーとは英語で話ができる。

話を戻そう。昔、市場と市場との間のセンチメントの違いをうまく利用して儲けようとするディーラーたちがいた。例えば、ニューヨーク市場の引け間際や、東京がオープンする前のシドニー市場で、まとまった金額のポジションを仕掛ける。すると、朝オフィスに来た東京のディーラーたちは「昨日のニューヨーク時間で発表された材料で、ニューヨークは引けにかけセンチメントがかなり強気（弱気）になっているな」と勘違いし、自分たちもフォローして、東京市場でそれに乗っかろうとする。

ところが、まわりを見わたし、みんなが同じ方向のポジションを持っていることに気づいたときはもう遅い。前の日からポジションを仕掛けたディーラーたちがいっせいに利食いを入れてくる、というわけだ。運良く、ポジションを切り抜けられればよいが、たいがいがロスカットさせられる。

あまりに相場がみえすいていて、朝一番から相場に入りやすい――売りからでも、買いからでも――と見えるときは要注意だ。仕掛けたディーラーたちの格好の餌食にならないように気をつけなければならない。

「休むも相場」という言葉がある。前日の市場で相場が乱高下したとしよう。寝ないで取引をするディーラーたちが多いので、こういう日の朝はさすがに市場全体が疲労感に覆われていて、動意に欠け、相場は休場状態になる。

しかし、為替のセールスが朝一番にわざわざ顧客に電話をして「今日は動きませんね」と言うのは禁句である。本当に、微妙にではあるがセンチメントは、若干であれ、常にブルかベアのいずれかに傾いているからだ。

個人が市場のセンチメントを共有するには、毎日、同じアナリストやエコノミスト、もしくはセールスやトレーダーの市況コメントなどを読み続けて、その変化を嗅ぎ取っていくしかない。

また、短期でサヤ取りを行うディーラーのポジションを知るには、シカゴの通貨先物市場で発表される通貨の持ち高の数字に注目するとよい。これは、株式市場における、信用の売り残、買い残の数値と同じ意味だ。

ともあれ、猫の目のように変わる市場参加者の微妙な心理の変化を読み続けることが、ディーラーには常に要求されている。

市場ではディスカウントで買え？

事実とうわさの乖離具合を推し量る

「Buy on rumors, sell on facts（うわさで買って、事実が出たら売る）」という有名な格言がある。

これはうわさなどを利用して、あらかじめ人よりも先に材料を織り込むことの大切さと、その材料が周知の事実になった後はひとまずポジションを手仕舞いし、様子を見ることの大切さを説いている。事実が発表された後に反応しても、すでに周りはそのことを織り込んでいるわけだから、利食いにぶつかり大やけどをするというわけだ。

イラク戦争時のドルの動きもこの典型であった。戦争が始まる前（＝市場が戦争を織り込んでいるとき）は、アメリカ経済や安全保障に対する不安要因でドルは売られた。しかし戦争が始まってそれが事実となった途端、ドルはいったん買い戻された。戦争が始まった後は、今度は米軍の短期勝利か、それとも泥沼化するのかを市場は織り込み始め、ドルは右往左往した。

同様に、経済指標に関しての市場の反応をみてみよう。例えば、アメリカの失業率が大幅に悪化し、ここ数年来で最悪の結果となったとする。しかし、これでドルが売られることはない。なぜなら、すでに市場は大幅な悪化をエコノミストの予想などで織り込んでおり、発表された数値が予想を大きく上回るか、下回るときにのみ反応するからである。

実体がどうあるかというよりも、大切なことは「発表された数字が市場の予想と大きく乖離したかどうか」である。そして「乖離したとき相場はどう反応するのか」をあらかじめ織り込むことだ。

優秀なディーラーは次に相場の材料となりそうなことをいつも探している。今は少数の人だけが注目しているが、これが将来材料視され、大多数の意見になるかもしれない。そういうものを予想し、ポジションを張っていく。思惑どおりになれば大きな収益機会が待っているというわけだ。

しかし、普通の人が次の材料を織り込むというのは難しい。実際、これまで「日本の長期金利はいずれ反転し、金利は上昇する」と織り込んでポジションを作った多くの人が損をした。

ユーロが誕生した当初、この通貨に対する信認が高まると期待して買った多くのディーラーは、導入後の最初の数年間、損を出し続けた。最近では、ドルの暴落説や中国人民元の切り上げ説がまことしやかに流れている。新聞や雑誌を丁寧に読んでいると、将来始まる大相場を先取りするヒントが見つかるかもしれない。

しかし、材料を織り込むのが早すぎてもいけないし、誰もが気に掛けないような、独りよがりの材料をつかんでも意味がない。

そしてもうひとつ、市場でディスカウントしすぎる（＝織り込みが早すぎて、タイミングを逸する）と、かえって高くつくことがあることも覚えておいたほうがいい。

需給はキングである

「市場」という名の王様ゲームで、王様になりやすいものとは？

「為替市場に最も影響を与える要因は何か？」と私が聞かれれば、迷わず「需給」と答える。需給の情報に勝るものはない。需給にもいくつかある。1日の値動きに影響を与える需給もあれば、数カ月単位、数年単位で影響を及ぼす需給もある。

まず、短期の需給を知るうえで、東京市場で「仲値」が決められる時間帯の動きをみていきたい。仲値とは、毎日午前10時の為替のスポット（直物）レートを基準に算出される、金融機関の対顧客公示レートのことである。

輸出企業や輸入企業は銀行に仲値で指値注文を入れてくる。ドル需給に大きく偏りがあると相場は動く。都市銀行などでは、仲値で輸出企業の大量の売りが持ち込まれるとあらかじめ知っていれば、早めにドル売りを仕掛けることがある。

また、個人の外貨預金が殺到して、邦銀全体で「今日は5億ドルぐらいのドル買いになりそうだ」というときには、午前10時の時間が近づくにつれドルが上昇することもたびたびある。

海外でも、ロンドン時間午後４時に、グローバルで運用するファンドマネジャーたちのオーダーが入る。運用する投信の基準価格がこの時間帯に設定されているためで、そのときの需給によって相場が変動することもある。

日中、市場ではさまざまなプレイヤーが前ぶれもなく通貨の売り買いを行う。急にレートが20ポイントも動いただけで、誰が売っているのか（買っているのか）と参加者は血眼になって情報を探す。売りと買い、どちらが強いのか。その需給が王様のごとく、市場の方向を決するためだ。

季節的な需給要因もフォローしておかなければならない。例えば、アメリカの多国籍企業は年末に向け本店への利益送金を行うので、年末はドル高になりやすいとか、日本の機関投資家は毎年第一四半期に外債の利益確定に動くことが多く、円高に推移するといった事柄である。

さらに、国境を超えて企業のＭ＆Ａなどの動きがある場合、買収資金の流れが相場の需給を左右することも多々ある。例えば、1999年にユーロが誕生して以降、ユーロは対ドルで数年にわたってほぼ一本調子で下げた。ヨーロッパからアメリカへ企業買収の資金が大量に流入したことがその背景とされる。

かつて、日本の大手通信企業がITバブルの最後に、次々に海外の企業を数千億円単位の巨額資金で買収したことがあった。この企業の外貨買いオーダーの思惑で大きく相場は振り回された。

クロスボーダー（国境をまたいで）の大型企業買収が新聞などで報じられたときには、ニュースをフォローして「キャッシュでの買収資金がいくらで、為替でどのぐらいの金額が発生するのか」を見極めなければならない。

最後に、これは次で述べるが、需給のうち長期のトレンドに影響を与えるのが、「長期プレイヤー《ロングターム》」と呼ばれる中央銀行や機関投資家の動きである。あらゆる商品と同じく、為替もその価格は需給で決まる。売りと買いのバランスが崩れたときに相場は動く。

需給はキングである。ディーラーはその声に常に耳を傾け続けなければならない。

ロングタームプレイヤーのショート
トレンドを作るのは各国の中央銀行や大手の機関投資家たち

「キソン、為替でロングタームといえば、せいぜい1時間先の話じゃないの？」と皮肉交じりに語るイギリス人の上司がいた。

しかし、本物のロングタームプレイヤーをからかうわけにはいかない。彼らは数千億円単位以上で資金を動かすことが、年に数回、もしくは数年に1回あるからだ。彼らの動きが需給を動かす。相場のトレンドを作ることさえある。

こうしたロングタームプレイヤーとは各国の中央銀行、大手の機関投資家のことだ。

例えば、巨額のオイルマネーを動かすサウジの通貨庁もそのひとつだ。数年前、サウジアラビアの通貨庁がドル資産をユーロへ数千億ドル（数十兆円）動かしたという観測記事が海外の新聞に出た。金額の真偽のほどはともかく、こうした動きが新聞に出るかなり前からあったに違いない。このニュースはその後のユーロ高に拍車をかけた。

中国の中央銀行も、新しく登場したロングタームプレイヤーのひとつである。「彼らが巨額の外貨準備をどの通貨に振り向けるのか」に市場は注目している。

中央銀行の中では、アラブ首長国連邦の中央銀行の動きが昔から有名だ。香港やシンガポールの通貨当局者は、スマートな運用で市場の注目を浴びている。

ついでながら、日本の財務省・日本銀行の外貨運用としては、圧倒的なドル資産の保有がある。日本は中国と異なり、軍事的にも政治的にも独立しているとは言えず、資産をユーロにシフトしたり、米国債を思いのまま売ることはできない。ドルの信認に関わり、アメリカからは同盟国の裏切りと見られるからだ。これは日米安全保障条約が続くかぎり変わることはないだろう。しかし、投資家としての彼らの影響力は、私が知るかぎりでは、介入のときほど目立つことはなかった。

アメリカの年金、日本の生保や信託などの機関投資家、イギリスのファンドマネジャーらも長期のプレイヤーだ。さらには、多国籍企業も、直接投資や企業買収を通じて重要なロングタームプレイヤーといえる。

為替の市場は超短期で、日計りで売買を繰り返すディーラーもいるが、彼らは市場の需給になんら影響を与えない。しかし、こうしたロングタームプレイヤーは短くても1年以内、ほとんどが数年以上にわたって通貨の売り切りや買い切りを行う。彼らの動きが為替の需給に大きな影響を与えるのである。その後、数年単位のトレンドを作ることさえある。

こうしたプレイヤーの手口は非常に見えにくい。外から推し量るとすれば、彼らの運用の特性、つまり通貨の分散と割合がどう配分されているのか、流動性はどの程度重視されているのか、投資期間、ヘッジに対する考え方といった、ポートフォリオの運用方針を理解するしかない。

こうしたロングタームプレイヤーが、ときには外貨建て資産を大きく売り（ショート）に出して市場を揺さぶることもある。手の内を見せないことが、自分の防御となることを彼らはよく心得ている。

ディーラーの考えはポジションに反映される？

「今、ロング？　ショート？」と聞いてみよう

需給と同様に重要な情報は、各市場参加者のポジションである。

銀行や証券会社のディーラー同士の挨拶は「今、どんなポジションを持っているの？」である。ポジションをみれば、そのディーラーの考えのすべてが分かるといっても過言ではない。

ディーラーには超短期の目先の２銭、３銭が抜ければ利食うというような、１日何十回と売買を繰り返す銀行のトレーダーもいる。日計りといって、日中数回にわたって売買をし、オーバーナイトのポジションを持たないディーラーもいる。また、数日間はひとつのポジションをキャリーするポジションテイカーも多くいる。実際のディーラーはこれらのミックスで、中長期のロングかショートのポジションを根っこに持っていて、短期では売りと買いを繰り返すという人が多い。

短期の相場を見るときは、これらのプレイヤーのポジションが果たして今ロングなのかショートなのかを見極めることが重要になる。だからというわけではないが、相手の腹を探る意味で「今、ロング？　ショート？」という挨拶が交わされるのである。

また、普通は市場ごと――東京やニューヨーク、ロンドンなど――のプレイヤーのポジションも違う。

ディーラーが新しくポジションを作るときは、「果たして市場がロングかショートか」を最初に考える。今すぐ入るべきか、しばらく様子を見るべきかの判断の材料にするためだ。

ディーリングでは、方向性は正解だったのに、入るタイミングと水準が悪くて損で終わってしまった、ということが多々ある。

例えば、ニューヨークの後場で日本のさらなる金融緩和策が発表されるかもしれないといううわさが出たとしよう。そこに、東京市場のディーラーたちも情報の信憑性が高いと判断して、やや高い水準でドル買いに追随したとする。

しかし、よくあることで、いったん「その情報は誤報だ」とする当局の否定発言が出てしまう。すると、すでにかなり高いレベルでドルを買ってしまった東京のディーラーのポジションはカットさせられることになる。

その後、夕刻になって突然、日銀から発表があり「緩和策が出た」としよう。市場はまたパニックになってドル買いに走るのである。

こうした銀行ディーラーたちのポジションは短期のポジションということができる。これらのプレイヤーたちのポジションがロングかショートに傾くことで、ドル円でいえば通常、1~2円のブレが十分起こり得る。

もう少し中期のポジションもある。輸出入企業の先物為替予約や、機関投資家の外貨資産のヘッジがそれに該当する。3カ月、あるいは、半年先以降を見据えた彼らのポジションの変動が、大きく相場の方向性やスピードを左右する。

米系のヘッジファンドたちは日本人プレイヤーのポジションをよく尋ねにきていた。とりわけ、中期プレイヤーの動きに注目していた。短期、中期、長期のポジションの傾きによって、材料が出たときにどう相場が反応するかを予測し、そのうえでヘッジファンドはポジションをどのタイミングで作るべきか、もしくは切るべきかを判断していた。

短期のポジションは個人の立場では分かりにくいが、ＲＳＩなどのテクニカル分析を使えば、ある程度、相場が買われ過ぎか、売られ過ぎかを知ることができる。

また、機関投資家や輸出企業の動きなども、新聞などの報道で推し量ることができる。

相場に入るときに最初にしなければならないことは、ポジションをわきまえることだ。そして、出るときは静かに出なければならない。

ファンダメンタルズはファンダメンタルではない

ファンダメンタルズ重視の裏に隠されているキーワードは？

世の中のエコノミストたちもみんな、為替の見通しについては頭を悩ます。彼らがセミナーなどで、経済のファンダメンタルズをいくら説明しても、結局、聴衆が聞きたいのは「今後の為替の見通しはどうか」とか「年末の予想レベルは？」なのである。

為替の場合、やっかいなのは当該二国間の経済の相対的な強さ・弱さが、それぞれの通貨の強弱に素直に反映しないところにある。したがって、為替の予想をファンダメンタルズで説明しようとするとどうしてもつじつまが合わなくなる。

例えば、過去の日米金利差のチャートとドル円の動きのチャートを二重写しにしてその相関関係を示し、将来もその方向に向かうと予想することがある。また、さまざまなファンダメンタルズのチャートを引っ張り出し、為替の値動きと重ね合わせて相関関係を発見して見通しを説明するエコノミストもいる。だが、将来もその傾向が続くと説得させるのはなかなか難しい。

多くの人が関心を抱いている「今後数カ月」もしくは「1年先ぐらい」の為替の動きは、通常のマクロのエコノミストが予想するよりも、金融機関の通貨アナリストといわれる人のほうがより的確に現実的に予想できる。というのも、彼らはマクロのファンダメンタルズ以上に、市場の需給を重視するからである。

「相場をどうやって予想しますか？」と聞かれたら、私ならすぐさま「需給だけです」と答える。しかし、これではさまにならないので、多くの人が「ファンダメンタルズ重視です」などというのだ。

ところで、市場は勝手なもので、ファンダメンタルズのうち彼らが重要と考えるものは、そのときどきによってコロコロ変わる。

最近の市場は、アメリカの財政赤字や金融政策の動向に関心を抱いている。80年代末、アメリカの双子の赤字が問題になったときには、毎月発表される貿易収支の数字だけで相場が動く時期もあった。その後は、アメリカの消費者信頼感指数であったり、雇用統計であったりで、結局、そのときどきの市場参加者が興味を抱く指標だけが相場に影響を与え、重要となる。

結論からいうと、まずファンダメンタルズの動向は、市場参加者の将来の相場観形成に影響を与える。

ファンダメンタルズを確認したうえで、市場参加者は「今後、ドルは暴落するに違いない」とか「ユーロは上昇トレンドに入った」とか「円は150円を目指す」とかのシナリオを立てる。しばらくして、このシナリオが少数派から多数派に移行しはじめると、シナリオに合ったファンダメンタルズを逆に市場が探し始める。つまり、市場参加者がドルを売りたい、もしくは、買いたいというときの後付けの材料として、経済のファンダメンタルズ指標が使われるのだ。

ファンダメンタルズは重要である。しかし、ファンダメンタルズで相場の説明がすっきりつくころには、残念ながらひとつの相場はもうすでに終わっていることも覚えておいてほしい。

テクニカルはご勝手に

チャートにはダマシがあります

ファンダメンタルズで相場をみる人に続いて厄介なのは、「私はチャーチストです」という人たち、チャートに託している方々である。

私も昔、円債ディーリングをやっていたときに、先物のポイント・アンド・フィギュアというチャートをつけていたことがある。これには時間軸がない。ただ、値動きを一定の幅で上がれば○、下がれば×というのを延々とつけ続けるものだ。

気がついてみたら、2畳分ぐらいの大きさにチャートが広がってしまった。○×をつけるのに必死で、そのうち何のためにつけているのか忘れてしまっていた。ところが、途中でつけ始めたらやめるわけにはいかない。休暇中は同僚に頼んでおかなければならないから、他人にも迷惑がかかる。結局、円債を離れるまでは続けたであろうか。私とチャートとの不幸な出合いである。

それからも、チャーチストからチャートで相場の説明を受けてもどうもしっくりこないものがあった。加えて、説明するほうも「チャートにはダマシがありますから、いつも当たるとはかぎりません」などと結ぶので、チャートに命をかける気がほとんど起こらなかった。

むろん、取引をするうえで、過去の高値や安値をチェックしたり、もみ合いのレベルを確認するときには、チャートは大変有益である。また、相場がトレンドを形成し始めたら、ターゲットとなるレベルを探るのにも役立つ。さらに、短期、中期、長期の移動平均線ぐらいは常に見ておいたほうがいいし、ゴールデンクロス、デッドクロスぐらいは知っておくべきだと思う。

相場を見るうえで大切なことは、市場が注目しているチャート分析や、チャートが示す重要なプライスのレベルを共有することだと思う。それはときによって、エリオット波動や一目均衡表による分析かもしれないし、フィボナッチ数の重要なポイントかもしれない。

また、チャート上で「あるレベルを超えると一斉に売りか買いのシグナルが出る」

という話が出回ったときは要注意だ。こうした情報には、まず素直に従ったほうが経験上、得策といえる。結果としてダマシに終わっても、ある程度は一定方向へ相場は反応することが多々あるからだ。

ともあれ、チャートがないと心が落ち着かないというディーラーが多い。私もその癖が身についていたので、ロンドンに行った当初、チャートを映すモニタが近くになくて困った。

ところが、しばらくして、チャートを見ているものが少数派というのも分かった。私のボスは全然見ていないことにも気づいた。私も次第にそれに慣れ、不安もなくなっていった。

後で気づいたが、こういうことだろう。

チャートはビジュアルで、方向性も示してくれる。しかし、相場はそれだけを見て取引されているわけではない。さまざまな複雑な要素の集合体だ。変にチャートの美しい世界にとらわれると、それに騙される。それに、チャートを見なくとも体で値動きは覚えている。相場の息遣いを覚えていれば十分だと。

とはいうものの、顧客からは中長期のトレンド、そして6カ月先、1年先の為替の水準を問われることが多い。そのときには、過去のチャートから将来のトレンドをイメージする。こういうときにはチャートが役立つ。また、相場の転換点を知るときにもチャートがものをいう。

個人的に私が好きなのは、相場がオーバーシュートして買われ過ぎや売られ過ぎなどのシグナルを示すチャートだ。知り合いの通貨アナリストが、経験的に「ドル円の値動きは、中期の移動平均線との一定の乖離幅に収まる」と自分のチャートで説明をしていた。実際、かなりの確率で彼の主張は正しく裏づけられた。

チャーチストといわれる人の多くも、さまざまなチャートの組み合わせで自分なりの解釈を深めているようだ。それが、その人のオリジナルである。

自分の好きなチャートの見方をひとつぐらいは持っておいたほうがいいかもしれない。そして、人から「なぜそんなに儲けられるの？」と聞かれたら「自分はチャーチストだ」と言えばいい。彼らはそれよりも先に突っ込んで話を聞かないはずである。

オーダーのレベルは細心の注意を払って選ぶ

「ちょっとオーダー教えてよ」はトレーダーの本音？

ディーラーにとっての重要な情報のひとつは、「市場のどのレベルにオーダーが置いてあるか」である。つまり、現在のレートが１０７円５０銭とすると、１０７円、１０６円、１０８円台のどこにオーダーがあるか、ということだ。

銀行や証券会社は顧客から数多くのオーダー（指値注文）を預かり、24時間、グループ内で、持ち回りでウォッチする。このオーダー情報はいわば機密情報で、絶対に部外者に漏らしてはいけない。

私の銀行にはオーダーシステムというものがあって、通貨ごとに売りと買い、利食いと損切り、すべてのオーダーを見ることができた。オーダーには銀行内のトレーダーのオーダーも含まれ、誰がどんなポジションを持っているかも一目瞭然だった。

このオーダーシステムは、あるときは魔法の珠のように相場の方向性を示した。

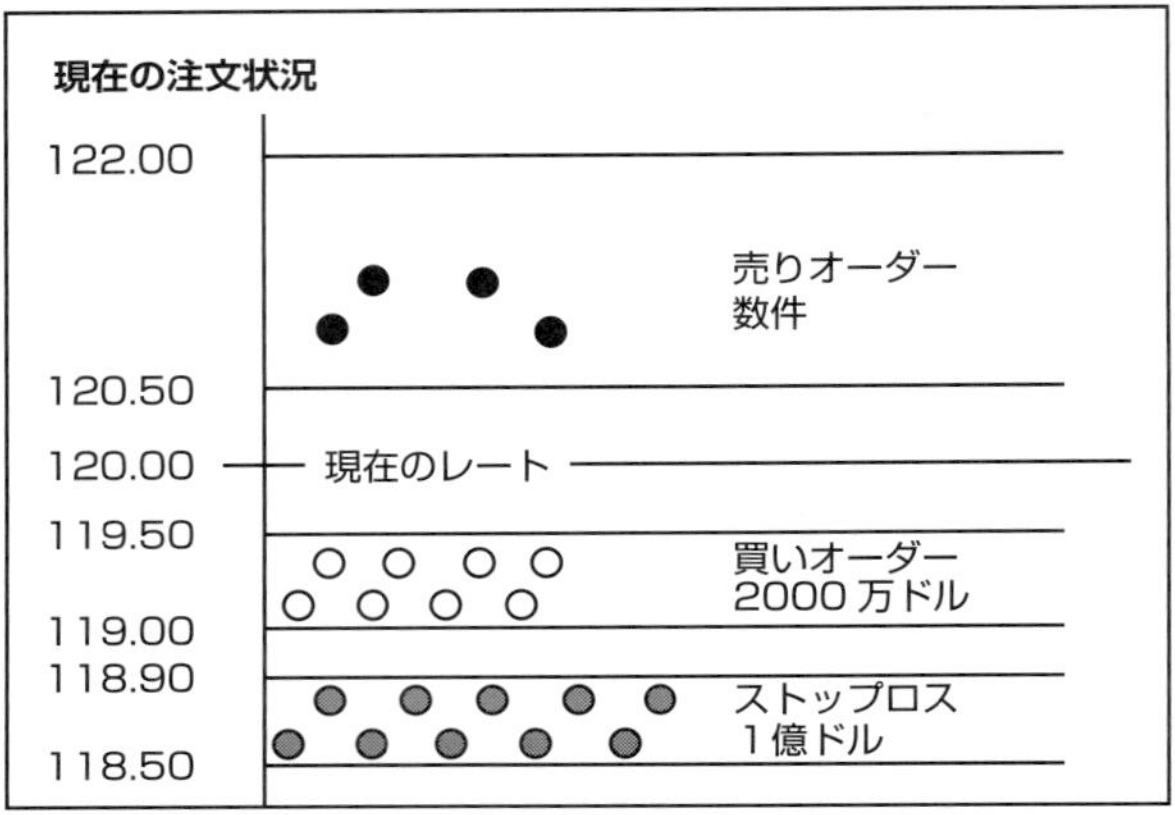

その意味はこうだ。

例えば、ドル円で現在の相場のレベルが120・00であるとしよう。買いのオーダーが119・50から119・00までに数件、2000万ドルくらいあることにする。その下には、今度は118・90からストップロス（損切り）のオーダーが118・50まで10件近く、1億ドルほどあるとしよう。

逆に、売りのほうは、120・50から122・00まで、パラパラと小口で入っていたとする。

ここで質問である。翌朝までにどのオーダーがつき、ドル円はどんな動きを

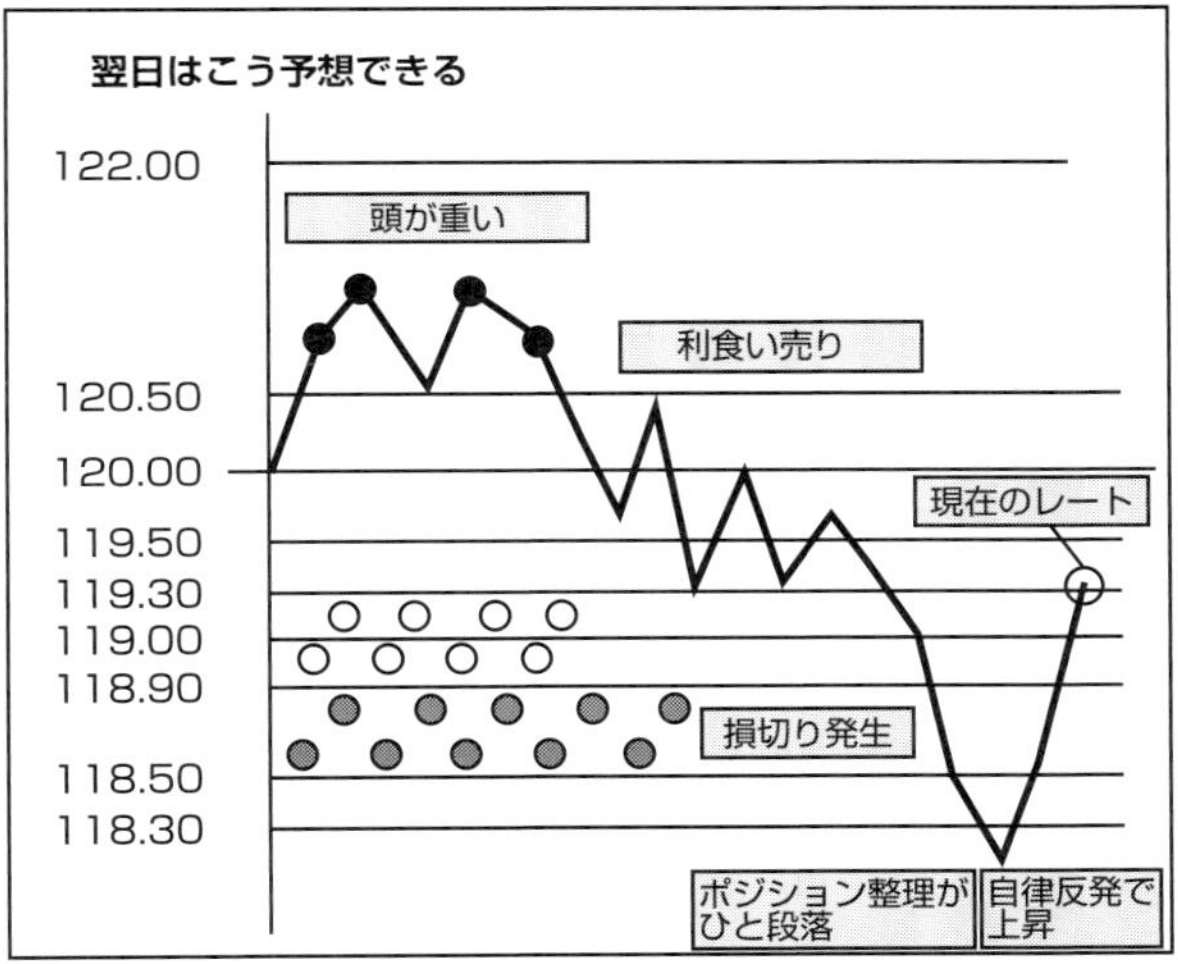

したかを想像してほしい。

最もあり得るシナリオは、「オーバーナイトでドル円は118・30の安値まで突っ込み、その後に反転し、現在119・30で取引されている」というものである。理由はこうだ。

「ストップロスが下値のほうだけにあり、市場が明らかにロングのポジションに傾いているのが分かる。こうした場合、いくら市場にドル買いの材料が出ても利食いにぶつかり、ドルの上値が次第に重くなる。その結果、上値トライに飽きた市場は、今度は下値を試し始め、１１９円が割れるといっせいに売りが出た。ストップロスを誘発し、ボトムを確認した後は、ようやく利食いでやや反発した」

これが、このオーダーから読み取れるシナリオだ。無論、最初に強いドル買い材料でそのままドルが上がり、市場でロングのポジションが掃け、損切りのオーダーもキャンセルになり、ドルは上昇トレンドを継続していることもシナリオとしてはあり得る。

何が相場を決するのか？　先に「需給である」と答えたが、もうひとつ、為替相場で貫徹する法則がある。それは、「損切りのオーダーは大概つく」というものである。「悪い予感は当たる」というマーフィーの法則は、為替相場では見事に当てはまる。

不思議と、市場はどこに甘いストップロスがあるかを嗅ぎつける。そして、必ずと言っていいほど、それが掃けるまではその方向へチャレンジしようとする。前の例の場合は、１１８・９０からのストップロスを嗅ぎつけて、相場はドルの下値を試してみたわけである。

別のオーダーの読み方も紹介しよう。

顧客から大口の利食いのオーダーが入っていれば、銀行内のディーラーにとってはありがたい。というのも、それを背にして、ポジションを作ったり、また、損切りをプロテクトできるからだ。

例えば、先ほどの例で、１１９・００に３００本の買いオーダーが入っているとしよう。ディーラーたちはどうするか。１１９・２０か１１９・１０で買いのオーダーを入れ、同時に、１１８・９５にストップロスも入れるのである。

その意味を説明すると次のようになる。まず、ディーラーは相場のアヤで「下押ししたときに安くドルを買いたい」と思っている。１１９・００は大口の買いがあるので、その手前でドルはサポートされるかもしれない。もし、それが破られるようなことがあれば、おそらく予期しない材料が発生したはずだから、いったん買ったドルを１１８・９５で傷が浅いうちにカットし、ポジションを閉めておこう、ということだ。

この例の場合、ディーラーのシナリオがはずれ、１１８・９５のストップロスまでつけて、一気に買いのオーダーとストップロスが同時についたとする。そのときまわりの人は彼のことを不幸にも「串刺し」になったという。

個人でも最低限できることがある。それは、利食いのオーダーは直近の高値、安値の内側に置き、逆に損切りのオーダーは直近の高値、安値の外側に置くことだ。こうすることで、自己のポジションをある程度はプロテクトできる。オーダーのレベルは細心の注意で選ばなければならない。

市場にうわさで流れるオーダーの情報は、実際にはそのレベルを試すまでは分からない。それまでにできることは、市場から情報を嗅ぎ回ることしかない。

日本のある会社は複数の取引銀行にオーダーの所在を毎日尋ねにきていた。海外のトレーダーたちも、始終、そうした情報を集めに来る。もちろん、銀行がどこまで正直に話をしたかは分からない。

目立ちたくないオプション取引

お願い！　トリガーは引かないで

為替相場（とりわけドル円相場）を予想するときに欠かせないのは、通貨オプションの取引に絡む情報である。

ドル円の場合、一時期、通貨オプション取引から発生するヘッジなどの取引高が市場全体のスポット取引高の6割以上を占めるとさえ言われた。オプション取引の市場への影響力の大きさを物語っている。

よって、オプションのトリガーレベルと言われるストップロスのレベルや、満期日（行使日）が近づいたオプションのストライクプライス（権利行使価格）のレベルなどが、目先の動きを追うときに非常に重要な情報だとみなされた。

また、相場の転換点や新しいトレンドが始まるときは、中長期で相場の方向性を取ろうとするオプション取引も活発になる。この場合、通常、ストライクプライスは現行のレベルから5%も10%も離れている。このストライクプライスはトレンドの目標値を予想するうえで重要だ。

オプションでは、数種類のオプションの組み合わせで、複雑なリスクリターン効果を生むことができる。それらはバリアーオプションとか、ノックアウトオプションとか、さまざまな名称で呼ばれる。その効果は、例えば「ある一定レベル（トリガーレベル）がつかなければ、現在の相場よりも有利なレートで為替予約ができる」とか、「単純にオプション期間中にトリガーがつかなければ、賭け金の何倍かが利益として戻ってくる」というものである。

オプション取引のほとんどは相対取引で第三者には分からないようになっている。だが、大口の取引となるとそうはいかない。自然と市場で話題となり、後にその存在を知られることが多々ある。

やがて、時間がたち、相場が動き、スポットがトリガーのレベルに近づき始めると、市場参加者ははやしたてる。トリガーのレベルをめぐって、市場とそのオプションの売り手（防御する側）との攻防が始まるからだ。

オプションの損益図

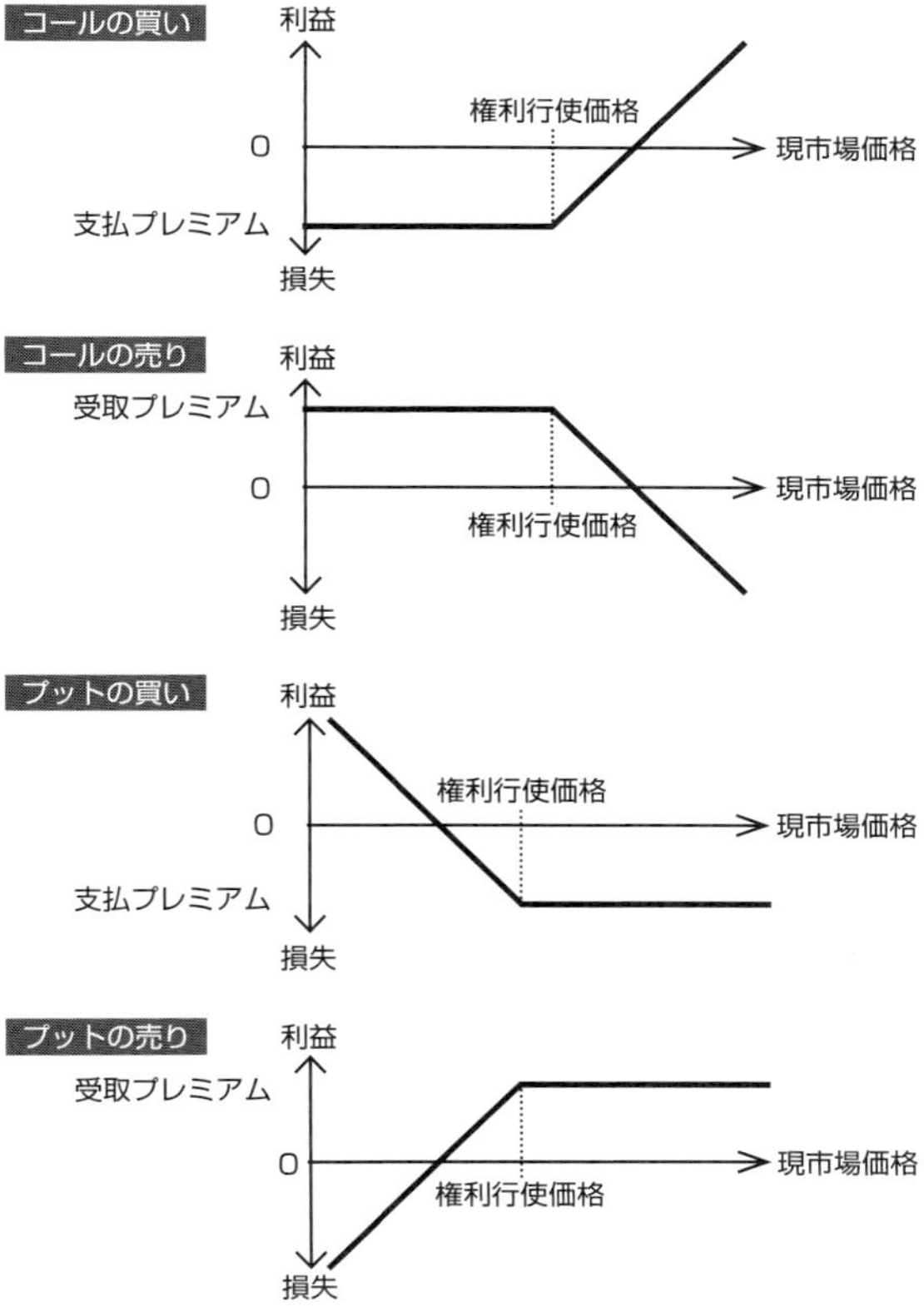
コールの買い
利益
0
権利行使価格
現市場価格
支払プレミアム
損失
コールの売り
利益
受取プレミアム
0
現市場価格
権利行使価格
損失
プットの買い
利益
権利行使価格
0
現市場価格
支払プレミアム
損失
プットの売り
利益
受取プレミアム
0
現市場価格
権利行使価格
損失

通常、このトリガーレベルに近づくと、ヘッジの玉が実際のオプション取引元本の何倍もの額に膨れ上がる。トリガーをつけようとする者と、つけさせまいとする者との死闘が繰り広げられる。そして、トリガーレベルを抜ければ市場は一気呵成《いっきかせい》にその方向へ雪崩のように動く。

顧客でトリガーをつけられたほうはたまったものでない。気がついてみたら、実勢レートよりも大幅に悪いドル買い、ドル売りのポジションが発生したり、掛け金の何倍もの額を払わされる羽目になるからである。

相場に参加したからにはできればそっとしておいてほしいということはありえない。トリガーは引かれるためにあるのである。

相場の世界では情報力と判断力がものをいう

最初の小さな波紋が大きく広がっていくことも

相場に影響を与える材料として、新聞からの情報は明らかに重要だ。ロンドンでは、朝早くから仲間が当番で朝刊各紙の切り抜きを行い、相場に関係がありそうな材料をコピーして全員に配布していた。そこにその日の相場で注目されるかもしれない重要な情報――人によって、切り取る内容が全然違ったりするので面白かった――が含まれていた。

このような情報を真っ先に顧客に伝えることも、セールスの重要な仕事のひとつだ。

しかし、その情報が本当に相場に影響を与えるかどうかは市場がオープンしてからでないと分からない。もし当たったら「ユウさん、貴重な情報を最初にいただきありがとうございました」となる。セールス冥利に尽きる一瞬だ。

ただ、重要かどうかを選択するのは本人の考え次第である。慣れてくると、そのうち「どの情報が使われ、どの情報が使われないか」が分かってくるから、習慣は力である。

日本でも、朝刊各紙を朝一番で目を通し、「これは今日の材料になるな」というものをすぐに顧客に伝えたりした。記事が一次情報であること、高官の発言に重要な政策転換を読み取れること、目立つところに記事があることを条件に、市場が注目しそうな材料を自分で選択する。自分の見方が当たり、何度も市場で証明されてくると、次第に面白みが増す。

朝刊だけでなく、場中にも情報は刻々と入ってくる。その都度、瞬時にその情報が相場に影響を与えるかを判断しなければならない。

ディーラーの場合、重要な情報が出たときには、誰よりも先に売りか買いのアクションを起こさなければならない。無論、たまに材料が旧聞であることが判明して、肩透かしをくらうこともある。それでも、日ごろからよくニュースなどに目を通していれば、瞬発力よく、対応できるはずである。

最初に自分が気づいて、この情報は重要だと小さな声を上げたとしよう。それをセールスであれば顧客に伝え、ディーラーであればポジションを取る。次第に、周りの人が同調し始め、みるみるうちに相場が動いていくことがある。最初の小さな波紋が大きく広がっていくのを値動きで見てとることができる。この瞬間が一番楽しいときである。

スコットランド魂とF1

イギリスの日曜紙サンデータイムズは「イギリスで、報酬が過大評価、過小評価のCEOランキング」というのを発表していた。

私の銀行の前会長は「過小評価」のほうのトップだった。それでも、日本円にすればボーナスも入れると1億円近くはもらっていた。だが、やはりアメリカのCEOなどに比べると、イギリスのトップの報酬はその何十分の1で、かわいいものだ。世界のトップバンクのひとつとして成功しているにもかかわらず、この銀行のトップはあまりお金に執着はなさそうだ。これは今でも謎のひとつだ。

ひとつの答えは、銀行がもともとスコットランド系で、今でもスコットランド出身の役員が多く、スコットランド人特有の勤勉で倹約を美徳とする気風があるからだという。

この会長は、M&Aを通じて、銀行を香港のローカルバンクから現在のグローバルバンクに成長させた立役者である。質実剛健を地で行く彼のスコットランド気質が銀行を成功へと導いたのはいうまでもない。結局、この銀行はイギリスでも最大規模の銀行になった。派手さはなく、新聞ネタになるようなことがなかなか出ない、管理がしっかりしている銀行だ。

ハードワーカーで自他ともに厳しい前会長に関するエピソードのなかでも、特に有名なのは「彼がケチである」ということだった。数時間のフライトであれば、エコノミーが当たり前だ。おかげで、6時間以内のフライトであれば、どんなに偉い人でも、エコノミークラスを使用するというのがグループ内での暗黙の了解になっていた。

あるとき、ロンドンとパリをつなぐユーロスターをこの会長がタダで奥さんを連れて乗ったという話があった。ユーロトンネルに対しては何百億円以上も貸付をしているから、タダの招待は当然だろうと思うと、どうも話が違う。会長の奥方が、集めたらタダでユーロスターに乗れるというクーポンを新聞から切り抜き、何カ月もかけてせっせと集め、それを使って夫婦仲良くパリまで行ったというのである。この話の真偽は確認しようがないが、このエピソードから察するに、夫婦とも筋金入りのケチと言えそうである。そのほか、銀行のロゴのカラーが赤なのも「実はインク代が一番安いから」という話まであった。

前会長は為替資金部門、投資銀行部門などの市場部門の収益は銀行全体の収益の

10％もあればいいと考えていた。ディーリングで大儲けを期待するような人物ではけっしてなく、バンカーらしく慎重な経営者であった。

しかし、この人でも、珍しく思い切ってお金を使うことがあった。F1レースへのスポンサーとして名乗りを上げたのだ。それを決めた取締役会はいつになく、議論も出ず、すんなりと数十億円以上の出費が決まったという。F1チームのヘッドが同じスコットランド人なので、そのときは気前良く金を出したという見方だった。本当のことはその場に参加した人でないとわからない。

余談だが、この銀行が米系の大手証券会社と合併するという話が数年前に持ち上がったことがある。この憶測に関して「絶対にありえない。そもそも2つの会社のカルチャーが違いすぎる」という内部の有力な意見があった。

というのも、当時、私の銀行では飛行機のファーストクラスに乗れる人はグループ全体を見渡してもせいぜい十数人と目されていた。一方、相手の証券会社の幹部は、プライベートジェットで出張に出るような人がほぼ同じ数ほどいたからである。案の定、この話はその後、立ち消えになってしまった。

第5章　スキルがすべて

世界を見渡しても、為替の市場で成功している人はほんのわずかだ。

成功者はそれぞれ個人が体得した独特のスキルを持っている。相場で勝ち残るには、自分だけのスキルを身につけるしかないのである。

1億円儲けて「トゥールダルジャン」へ

ひと月で10万ドル稼げれば一人前

ディーリングは「儲けてナンボ」の世界である。いくら相場の見通しを当てるのがうまい人でも、その予想に基づいて収益を上げられなければディーラーとしては失格だ。この世界で厳しいのは、いくら相場に張りついて努力しても、結果がそれに比例しないことである。ディーラー稼業は、数字がすべての過酷な職業なのだ。

外資系の銀行ディーラーの場合、ひと月10万ドル（1ドル120円換算で1200万円）をコンスタントに稼ぎ出せたらまず一人前である。年間で120万ドル（約1億4000万円）を稼ぐことができれば、300～400万円ぐらいのボーナスをもらえるかもしれない。シニアディーラーであれば、コンスタントに年間200～300万ドルも稼げれば一流である。

こう言うと、「なんだ、たいしたことないな」と思われるかもしれない。しかし、外資系金融機関の場合、リスク管理やポジション（持ち高）管理が厳しい。そうした条件下での目標達成は、実は容易ではないのである。

とりわけ、問題は継続性である。ひと月だけとか、1年間だけだったら、儲けたという話は結構多い。しかし、何年も継続的に儲けられるディーラーは、世界を見渡してもごく少数なのである。

ひと月で3億円儲けた、年間20億円儲けたという話を過去、うらやましく聞いたことがある。しかしその後、こうした人たちは儲けを吐き出してしまっている。5年、10年以上にわたって勝ち続けているという人は本当に数えるほどしかいない。15年間にわたり、銀行、顧客ディーラーを見てきた私の実感である。

私も昔、ディーラーとしての修行を積んだことがあった。最初の数年は泣かず飛ばずで、4年目になってはじめてひと月10万ドルのハードルをクリアした。年間を通してもどうにか100万ドルに手が届くぐらいの出来だった。

それなのに翌年、私のチームでひと月1億円もの収益を上げた。自分でも驚いた。これほど儲かるのは、もう「ラッキー」としか言いようがない。

当時は為替のオプション取引を担当しており、邦銀との取引で1回数百万円のサヤが抜けたり、顧客取引でもかなりイージーな取引があって数千万円の収益を出せた。純粋に相場にうまく乗れて儲けたのは、1億円のうち2~3割だったろうか。

ディーリングルーム内の各自の成績はガラス張りだ。このときの成績はさすがにヘッドの目に留まり、私たちチーム3人のメンバーがホテルニューオータニのフランス料理店「トゥールダルジャン」に招待された。10年以上も前の話で、当時はフレンチなど行ったこともなく、ワインの味なども全然分からなかった。どんな食べ方をしていたのか、今から思うと恥ずかしい気がする。ただ、赤ワインのグラスがやけに大きくてびっくりしたのと、食べた鴨の証明状のようなものをもらったのを覚えている（余談だが、証明状はその後も大事にしまっていた）。

テーブルで、招待してくれたヘッドが昔話をし始めた。彼は、為替のディーラーでは東京市場の先駆者のひとりである。「いや、前の銀行にいたときな。ひと月でしこたま稼いだときがあったんだけど、当時の支店長がお祝いをしてやるといって連れて行ってくれたのが赤坂の中華よ。いくらでも食べていいと言われてもねえ」。

当時、外資系では成績に応じたボーナススキームが導入されつつあった。それ以前は、いくら儲けても中華料理止まりだったわけである。

話を聞きながら、自分たちもこのフレンチでボーナスは出ないのかと思ったら急に座が神妙になってきた。だから、鴨の証明状を大事に持ち帰ったことは鮮明に覚えているのだ。

外国為替市場は、今では誰もが参加できる巨大な市場だ。1日の取引規模も百数十兆円という途方もない規模にある。個人も入れれば、参加者も何十万、何百万の単位になるのだろう。これらの人たちがしのぎを削って、5銭でも、10銭でも儲けようとしているわけだから、そう簡単に儲けられるものではない。

先に述べた、銀行のディーラーの場合は、平均して10億円ほどの金額を動かして、年間1億円以上の成績を上げようと努力している。個人で、証拠金取引で100万円の元手で1000万円を動かし、1年で100万円を儲けられればこれは大変なものである。そして、儲けたお金でフレンチでもイタリアンでも楽しめれば、もっといいのではないだろうか。

勝負の世界は結果がすべて

ディーラーはせこくてもよい？

「職業に貴賎はない」という格言があるように、「為替での儲け方」にも貴賎はないと思う。ところが、儲けていない人にかぎって「あの男の儲け方は汚い」とか「せこい」とか文句をつけるものだ。男らしくない言い草である。

私はこれまで、多くのディーラーを見てきた。そのなかで、まったく汚くなく、ずるくなく、せこくない人が勝ち続けているのを目にしたことがない。大体の人がねちっこい。できれば、格好良く高値で売って、安値で買いたいと誰もが思っている。ドル円の2円抜きなどをやると、さすがに有頂天になるし、周りからも「すごいね、どうして分かったの」と言われる。しかし、こういうことはまれだ。これから、せこいディーラーたちを何人かご紹介しよう。

東京支店にマックというディーラーがいた。チームプレイヤーでない彼はみんなから嫌われ、人気がなかった。しかし彼は、ほぼ10年にわたって毎年勝ち続けていた。おそらく、毎年１００万ドル以上は稼いでいたと思われる。

彼の手法は、いわゆるアービトラージというものだった。彼はもともとマルク円のディーラーである。市場にはマルク円のレートも建っていたし、マルク円のレートはまた、ドル円をドルマルクで割って出すことができた（＝ドル円、ドルマルクの売り買いを同時に行う）。

例えば、マルク円の相場が80円５銭で買いがあると仮定しよう。ドル円をドルマルクで割ったら、80円３銭でマルクが買えるとする。すると、彼はすかさず、マルク円の市場でマルクを80円５銭で売り、ドル円の市場でドルを買い、ドルマルクの市場でドルを売って、80円３銭のマルク円の買いを作り、２銭の収益を上げることができたのである。

マックはこの手法ばかりをやっていた、相場のアヤをつかんで、日中何度もアービトラージを繰り返すのである。１銭でも抜けるチャンスがあればそれを取る。マルク円の目先５銭程度の動き、これが彼の相場のすべてであったと思う。

トレンドがどうのこうのは関係ない。顧客の注文も関係ない。チームワークも関係ない。目の前のマルク円、ドル円、ドルマルク、その3つの変数が生む歪みをウォッチすることだけに全力を注いだ。

5年ぶりに私がロンドンから戻ったときもマックは健在だった。しかし往時の勢いはなかった。彼のデスクは「第7サティアン」と呼ばれていることを後で知った。というのも、彼のデスクは前方左右がディーリングマシンや情報端末で高く積まれており、周囲から中をのぞけないような一種異様な雰囲気を漂わせていたからだ。

彼は一日何百回と売り買いを繰り返し、トレーディングのマシンを指で叩き続ける。下腕に板のようなものを入れ包帯で固定し、即座に売買が繰り返せるように工夫していた。腱鞘炎が痛々しくもあったが、まさに体で勝負をしたディーラーだった。

その後、ユーロが導入され、彼の得意のアービトラージも効かなくなってきた。そのうち、消えるようにして彼はディーリングルームから去っていった。

「サティアン」の維持費にどのくらいコストがかかったのかは知らないが、1銭でもしぶとくサヤを抜き続けて、結果を出し続けた彼はそれでも立派だ。

勝負の世界は結果がすべてである。儲け方に格好良さはいらない、というのは言いすぎだろうか。

勘弁してよ　ヤッターさん

今では見かけなくなった「嫌われもの」

為替の市場で、銀行のトレーダーたちに評判の悪い連中がいた。ニューヨークから、四六時中、プライスを聞きに来ては相場を荒らした「ヤッターさん」である。

彼らは、アメリカにある中堅の証券会社のカスタマーディーラーである。顧客注文を銀行につなぐブローキング業務を中心に取引を行っていた。

彼らはロイターのディーリングマシンを使って、頻繁にプライスを聞きに来る。トレーダーたちは「またか」という表情で、渋々プライスを出す。いやな理由は、ハエのように、しょっちゅうレートを聞いてくるからだけではない。取引成立後、たびたびレートが不利に動くことにも原因がある。

例えば、プライスを出し続けて、数十回目に初めて建値の売りか買いのレートがヒットされ、売買が成立したとする。そのときは十中八九、トレーダーのポジションはアゲインスト（反対）に行くのである。理由はこうである。

彼らに「ドルで10本（1000万ドル）売ってくれ」と顧客から注文が入ったとする。彼らは、10行ぐらいに一斉にレートを取る。そのときに、ベストプライスを出した銀行のみをヒットする。また、たまに彼らは百本のオーダーをもらって、10本ずつ、10の銀行に分けて一斉にすべてをヒットするようなこともある。

つまり、銀行サイドから見れば、彼らの顧客の注文が10本なのか100本なのか、実際のところ分からないのである。そのため、ヒットされると疑心暗鬼になり、銀行では一斉に我先にとカバーに入ろうとする。その結果、レートが不利に動くのである。自分で自分の首を絞める羽目になるわけだ。

こうしたことの繰り返しだったので、（トレーダーたちは）彼らとの取引は気が進まなかったのである。

彼らは「同時ヒットのヤッター」と呼ばれた。銀行からどう思われようが関係がなかった。所詮、彼らはブローキング業務が中心で、お客のために銀行からベストプライスを引き出し、そこから数ポイントのマージンを抜き続けることができれば、永遠に負けなしでマージンを溜め込むことができた。

彼らが面と向かって会った銀行のトレーダーは少ないと思う。会えば、おそらくみんなに袋叩きに遭うからである。

とはいうものの、彼らの手法は——誰にでも真似できるわけではないが——ひとつのディーリングの勝ち方だった。

ヤッターさんは、ほぼ10年近く、為替の短期の動きに影響を与え続けた。彼らのせいで、職を失ったトレーダーも多かったはずだ。各センターの為替の責任者が集まったとき、銀行にとって「彼らを果たして顧客として扱うべきか」と、真剣に議論されたこともあった。

そのうち、彼らも市場から淘汰された。しかし、それはディーリングのやり方が理由ではなく、彼らの会社が別の大手証券会社に買収されたからである。その結果、彼らのディーリングスタイルは消滅した。

嫌われ者でも、いなくなると不思議と市場は寂しくなった。

相場でケチは美徳

1銭払うことにも抵抗感を

顧客のひとりで、とにかくプライスに厳しい人がいた。例えば、彼がドル円を「50本売りたい。いくらで売れるか」と聞いてきたとする。1銭ぐらい抜いて出してもいいだろうと思ってプライスを出すと、すぐ「ナッシング」と言う。後で聞くと「0・2銭ぐらいなら抜いてもいいが、1銭はまかりならん」と言うのである。

プロの世界では1銭でもケチらないと絶対に収益は残らない。彼は数少ない、東京市場でも生き残ったディーラーだった。為替はゼロサムゲームだ。相手から少しでもむしりとらなければ生き残れないことを彼はよく知っていた。

毎日、巨額の取引を繰り返す銀行間トレーダーにとって、1銭は大金である。先の例では、5000万ドルで1銭抜ければ、50万円の儲けである。1日、これ1回のみをやれば、月に1000万円も稼げる。これで1人前だ。しかし、実際上は1

銭を勝ったり負けたりしているので、こう単純にはいかない。

ところで、日本には口銭という外国為替手数料の慣習がある。個人の小口為替取引では、今でも銀行は厚かましく、ドル円では1円、ポンド円に関しては4円もサヤを抜く。「とぼけるな」と言いたい。

大口顧客取引にもまた口銭があり、通常、取引をした後に何銭か固定手数料が上乗せされる。これも、顧客と銀行との力関係を反映しており、多いところでは数十銭、少ないところではゼロまである。大口の事業法人、金融法人に関してはほぼ1銭というのが相場であった。

我々セールスにとっては、この1銭が命であった。1日、5億ドルの取引があったとしよう。これだけで、500万円の収入になるからだ。チリも積もれば山となる「チリツモ」といって、せっせと小口取引でも引き受けていた。

ちなみに、こうした慣習は海外にはない。口銭はトレーダーが出す売り買いのスプレッドに入っているからである。

東京市場で知恵をつけてきた顧客のうち、何社かは口銭ゼロを要求してきた。また、新規取引の顧客でも強気で言ってくる。

ただ、この1銭が果たして顧客にとって節約になったか判断するのは難しい。というのも、銀行としては口銭を払ってくれる顧客を優先するからだ。口銭ゼロの客には情報も後回しになるかもしれないのである。結局、節約したつもりが、良い情報・サービスを逃し、全体としてマイナスになることもあり得る。

日本の顧客でプロ中のプロは商社である。グループ企業が世界を舞台にビジネスを展開しているため為替の動きに敏感にならざるを得ない。専門家も多数育っている。面白いことに、彼らは「口銭の1銭は、むしろ積極的に払っていい」と考えている。情報は金であることをよく知っているのだ。

1銭をめぐる攻防。これも意外と奥は深い。そして、為替で勝つには細かくなくてはならない。

LTCMの大誤算

100倍ものレバレッジは掛けすぎだったのか

「レバレッジ」――。通常、これを「テコ（梃子）」と訳す。その意味はテコの原理を使えば、小さい力でも大きな力を発揮できるというものである。外国為替証拠金取引はレバレッジの取引であり、何よりもこの言葉をはやらせたのはヘッジファンドである。

例えば、自己資金が1000万円あったとしよう。これを元手に、為替の取引を行い、1円抜いて10万円儲かったとする（ここでは1ドル＝100円と仮定する）。この1回の取引での収益率は1％だ。

ところが、証拠金取引で1000万円に20倍のレバレッジをかけて、2億円で為替の取引をして、また1円抜いたとしよう。これは200万円の儲けになる。もともと、1000万円の元手に対し200万円の儲けとなるから、この1回の証拠金取引での収益率は20％へと跳ね上がる。

何でもないことだが、これがレバレッジのマジックなのである。ヘッジファンドが年率20％以上の成績を上げられる理由のひとつはここにある。

通常、ヘッジファンドは仲間内の資金（自己資金）を運用している。ファンドは平均して自己資金の5倍から10倍のレバレッジをかけて資金を動かす。

例えば、レバレッジ5倍だとしよう。1億円の自己資金に対し、5億円まで動かせるとする。もし、1日で20％の値動きで相場が反対に行ったら、このファンドは自己資金をすべて飛ばしてしまう。しかし、為替のように相場が1日動いても数％、予想と反対に動いても5％だとしたら、その損失額は5％で、２５００万円となる。1億円の自己資金からみれば、どうにか吸収できる額だ。このようにリスクとリターンをどう設定するかで、レバレッジの倍率も変わってくる。

ところが、破綻したヘッジファンドのＬＴＣＭなどはこれを何百倍でやっていた。彼らは為替の取引ではなく債券の取引を行っていたわけだが、それらは常軌を逸していた。数％の変動で、いっぺんに元本が吹き飛んでも当たり前だったのだ。

結局、レバレッジは資本主義の原理、「信用創造」に行きつく。信用が富を生むマジックに人は惑わされる。

例えば、先の例では自己資金を1000万円としたが、実は本人が持っていたのは100万円だけで、後の900万円は友人からの借り入れだったとする。これで、先の例のごとく、2億円（レバレッジ20倍）の証拠金取引で200万円儲けたとすれば、彼のこの1回の取引の収益率は自己資金の200%にもなる。

本書の最初で紹介した「ランボー」の話はレバレッジで取引を行い、短期間で富を蓄積した稀有な例である。ただ、レバレッジはテコが効きすぎると、元本も吹き飛ぶほどの損失を被りかねない。

テコのはね返りには要注意である。

人の良い人は相場には向かない

「人の弱みにつけ込むのはちょっと」ではダメ

ジョージ・ソロスは「イングランド銀行を潰した男」として名をはせた。

1992年の「ブラックウェンズデー」では、彼が強烈なポンド売りを浴びせたため、イギリスポンドはERM（欧州為替相場メカニズム）から脱退せざるを得なくなった。彼はそのときに数十億円を稼いだといわれる。もし日本で「日本銀行を潰した男」が日本人で、それによって数千億円も稼いでいたとしたら、袋叩きに遭うはずだ。しかし、かの国の国民は大人だ。負けたイングランド銀行のほうが悪いと思っているふしがある。

ソロスのファンドを含め、ヘッジファンドは、市場の歪みをとらえて、それが是正されるまでポジションを仕掛けることがある。ある国の外国為替の水準が経済のファンダメンタルズから乖離し、過大もしくは過小評価されていたとする。ファンドは、その国の通貨が将来、大幅な切り下げか、切り上げがされることを見越して投機を行うのである。1992年から93年にかけてのヨーロッパの通貨危機、97、98年のアジア、ラテンアメリカ、ロシアの通貨危機も背後にはこうした仕掛けがあった。

これらは、大きなイベントを予想して、市場の歪みや弱い通貨につけこむ手法だが、平常時でも、こうした手法で取引を行うディーラーは多くいた。

彼らは、ドル、円、ユーロ、ポンドなどのメジャー通貨や、豪ドル、カナダドルなどのマイナー通貨の中で自由に取引できる通貨のうち、攻撃に一番弱い通貨はどれかをくまなく探しまくった。一番弱くなりそうな通貨に売りを浴びせ、大勢で寄ってたかってその通貨をイジメにかかるのである。豪ドル、カナダドルもたびたびそういう憂き目にあった。

また、主要通貨でも弱材料に反応しやすいときには徹底して狙われる。円も台湾海峡、朝鮮半島での緊張が高まったときは狙い撃ちされた。不思議と通貨が積極的に買われるときよりも、売られるときのほうが市場は雪崩のようにその方向へ突っ込む。人の本性はやはり、他人の不幸を喜ぶものなのか……。

しかし、例外もある。それが、1995年のドル円が80円をトライした「超円高」である。このとき市場では、これを「円のほめ殺し」と呼んだ。

最後にもうひとつ。意地の悪いやり方は、実はまだある。市場でストップロスの情報を嗅ぎわけ、そのオーダーがつくべく、相場を誘導することである。

例えば、あと10銭ぐらいで大口のストップロスがつくとする。急に誰かがうわさを流し、瞬間相場が動く。ストップロスがついた後、相場は再び元の水準に戻るのである。

これは、投機家が、売りか買いの仕掛けをしてポジションを膨らませた後、すぐに買い戻し、売り戻しを入れ、ポジションを手仕舞うためだ（売り切り、買い切りの場合など、元の水準に戻らないときもある）。

私もそういうケースを何度も目撃した。オーダーを置いてロスカットがついた人にはまことに申し訳ないが、これも人の心を疑いたくなる手法だ。人の良い人はやはりディーラーには向いていないと思う。

本物の相場師の条件とは？

相場の頂点と底を見極めるまで動けるかどうか

相場の大天井、大底を叩くディーラーは優秀だと、昔から言われた。私も「超円高」のときに何百本ものドルを79円75銭で売った人の話を聞き、さすがにこの人は違うと思った。東京市場の数少ない凄腕のディーラーのひとりだった。

恐らく、天井も底も、それを買ったり売ったりしないことには分からない。相場が転換する最後のレベルまで市場に参加できる人が、本物の「相場師」と呼ばれるような人たちなのかもしれない。

ひとつの相場が5合目からスタートしたとする。通常、7合目、8合目までうまくついていくことができればもう満足だ。無論、参加している当人はそこがもう頂点で、これ以上はいつ反転してもおかしくないと思っているので、ひとまず戦線から離脱して様子を見る動きに出たのだろうが……。ひとたび、高値・安値圏で相場を下りれば、そこから再び入るのはかなり難しい。

しかし、相場師と呼ばれるような人はいつまでも相場の天井、底を見極めるまで動きをやめない。相場を長く見ていると、ある一定レベルを超えると、そこからはリスクリターンは50対50と感じ始める地点がある。普通の人はそこでやめるが、本物の相場師はそうはいかない。敢然と挑む。

セールスの側から見ても、天井や底に近づくと、次第に顧客取引が減り、相場が薄くなるのが分かる。相場が世界の中でも、ほんの少数の者だけの「肝試し」のような展開になることがある。最後まで参加できる人は腹が据わっている。恐いもの見たさの勇気や好奇心が彼らに備わっている。

過去のドル円の大天井、大底ではいくつものドラマがあったと思う。１９９０年夏、イラクのクウェート侵攻のとき、有事のドル買いのパターンが初めて通用しなくなった。その後、市場では高値でドルを買った人たちに多くの〝犠牲者〟が出たと記憶している。

相場は、天国と地獄を経験する恐ろしいところでもある。

君だけのスキルを持とう

他人のスキルを100％真似するのは不可能なこと

ヘッジファンドのトレーダーたちを称して、英語では「スキルベースのトレーダー」という言い方をすることがある。言い得て妙だと思う。

もともと、ヘッジファンドは株式のトレードから始まっている。ロング（買い持ち）とショート（売り持ち）を組み合わせたマーケットニュートラルという手法や、レバレッジやアービトラージを存分にきかせた手法をいくつも開発してきた。

一方、為替の場合はグローバルマクロという区分のなかで、グローバル市場における歪みを収益機会ととらえ、ポジションを作っていく手法と考えられている。

為替という商品そのものは単純で画一化されており、ヘッジファンドが得意とするさまざまな手法に適しているわけではない。それでも勝ち抜いてきた為替ディーラーには、スキルベースのトレーダーというのにふさわしい技術《スキル》が備わっていた。

為替のディーラーにも、それぞれディーリング手法に微妙な違いがある。順張り型か、逆張り型か、円高が好きか、円安が好きか、メジャー通貨が得意な人、マイナー通貨が得意な人など、人によってバリエーションがある。ポジションの持ち方となると100人100とおりで、利食いやストップロスの置き方もさまざまだ。

勝ち組のスキルを盗むには実際のところ、その人間に張りついて、その近くですべてを学ぶしかないのが実情だ。結局、勝ちパターンは自分で見つけるしかないのである。それは、他人に説明することが難しく、本人のスキルとしか言いようがないものである。

世界的に見ても、為替の世界は意外と年齢の高いベテランが今でも力を持っている。何十年と相場に入ってきた彼らは、他人には説明できない本人だけのスキルを持っている。それは、誰かが簡単に真似できるものではない。彼らが教えるのは、自分だけのスキルを身につけることの大切さだ。

為替のディーリングは職人芸である。他人にない、オリジナルなスキルを持って勝ち抜いていくしかない。

身近にいたゲイディーラー

ロンドンでは、アフターファイブになるとトレーダーたちは行きつけの会社近くのパブに繰り出す。5時半にはパイント（約500ミリリットル）のコップを片手に、小さな輪がいくつもできあがっている。たまに、私も立ち寄った。

パブでは、私などが日ごろオフィスでは聞けないうわさ話を耳にする。長時間立ったまま、ほとんど何も食べないで、ビールを飲み続ける彼らの一番のつまみはやはり、人や会社の中のうわさ話だ。

ところが日本のように、会社の中では言えない上司の悪口や愚痴を言い合うというシーンは、あまり見たことがなかった。話題は、フットボールの話や下ネタになる。そしてさすがというか、イギリスならではの話題はゲイの話だ。

「キソン、アナリストのAはゲイだって知っていたか？」と聞かれる。もちろん、そんなことは思いもつかなかった。別のチームの人間だったので、そんなこともあるのかと思っていると、「実は為替トレーダーのなかにもひとりだけいる、誰だと思う？」と言うので、翌日、まじまじとトレーダー全員の顔を見回してしまった記憶がある。

実は、最初にゲイだと教えてもらったアナリストとはスポーツクラブが一緒で、シャワールームでもよく顔を合わせた。その日以来、彼の前では、妙に愛想笑いをすることだけはやめることにした。

イギリスではゲイの話題はタブーではない。ゲイカップルの社会保障の問題が議会でも真剣に議論されているし、ブレア政権内には有名なゲイの大臣が数人はいた。

私もイギリス滞在中に次第に相手が男性でも女性でも、この人はゲイかどうかを無意識に詮索する癖がついた。イギリス人の間では、そのことは常識のように思えた。

それでも、ゲイの話は後で聞かされて驚く経験があった。

私が近所付き合いをしていたある家族は、夫は伝記作家で、夫人はソーシャルワーカーだった。年はいずれも50代半ばで、2人の子供たちは大学生ぐらいの年ごろだ。週末になると、いつも近くの公園でテニスをする仲だった。

夫妻の仲を詮索するほど親しくはなかったのだが、共通の友人から「どうもこの夫妻が別れて、夫人のほうが家を出て恋人のところへ行くらしい」という。よく聞くと、この夫人の恋人が実は女性なのである。

確かに後で考えると、夫人のほうはやや筋肉質で男性的であり、髪もショートカットでたくましくは見えたような気はした。

それにしても、妻を別の女性に取られる男の気持ちや、2人の子供たちのことを考えると、やはり私には理解できなかった。

「男子校、女子校のパブリックスクールのカルチャーがイギリスにゲイが多い原因ではないか」という説もある。

ともかく、イギリスにはオスカー・ワイルドをはじめ、分野を問わず、プロフェッショナルで才能に長けた人ほどゲイは多い。そして彼、彼女らは社会に深く根ざしているのだ。

第6章　市場の愉しみ

市場は人と人との出会いがあり、常に収益チャンスがある魅力のつきない場所だ。自分でうわさを流して平気で相場を作る人もいる。「ここだけの話ですが」とインサイダー情報を交換するのもスリリングで楽しみのひとつである。

騙し騙されがつきものの相場

ワクワク、ドキドキを求めて

私の先輩にパチンコ業の経営者がいる。「キソン、お客さんがなぜお店にくるか分かるかい?」と聞くので、「やっぱりお金じゃない? もしくは、ブランドの景品が欲しいとか……」と答えた。すると彼は「違うね。お客さんはワクワク、ドキドキを求めてくるんだよ」と言った。

「なるほど」と思った。さすがに経営者。客の心をつかんでいる。ちなみに、彼のお店の名前は「パチンコ　どんどん!」である。

人々が相場に求めるのも同じだ。うまくいけば短時間でお金儲けができるかもしれないとなれば、胸の鼓動はいやがうえにも高鳴る。売りからでも、買いからでも、市場に入るときは至上の喜びがある。思った方向に相場が少しでも行くと、目の前にゼロがいくつも点滅する。参加するだけでこれほどの夢を与えてくれるのだから、相場に飽きることがない。

同時に、相場は気まぐれだ。手を出してみないと分からないことが多々ある。ポジションを持った途端に――つまりドルを買ったり、売ったりした途端に――「ああ、これは完璧に間違っている」と直感することがある。

これは「神のお告げ」で、買った途端に売るか、売った途端に買うしかない。そうしないと、とんでもないことになる。

ところが、これができずに、沈没するケースが大半である。「なんでこんな男（女）と結婚したのか……」と、結婚式の日に気づくようなものである。たいがいの人はそこで妥協する。そして、その後の長い試練を堪え忍ぶのである。

通常、為替で顧客が相場に参加するときにはセールスを通して注文を出す。長年の経験では為替の営業は女性のほうが向いていると思う。顧客の多くが男性であるからだ。「相場が上がるの」「下がるの」とおしゃべりするのに、男を相手にしてはワクワク、ドキドキもしない。

売りか買いかが決められずに迷うとき、顧客はカスタマーディーラーに意見を求める。ある女性が言っていた。「ユウさん、私たちの仕事は迷っているお客さんの背中をポンと押してあげることなのよ」。

さすがに女性は思い切りがいい。男だとこうはいかない。

ちなみに、いつも背中を押されていたお客さんが、その後再び市場に戻ってこないということも多々あったらしい。まったく相場も女性も怖いものである。

ともあれ、騙し騙されは相場につきものである。ワクワク、ドキドキするのは勝手だが、騙されてもへこたれてはならない。チャレンジし続けるのである。

120時間は当たり前？

眠らずにディーリング

昔の本で「24時間ディーリングの恐怖」などといって、「為替のディーラーが真夜中まで働かなくてはならなくなる時代が来るだろう」と予言していた。それが当たり前となり、東京市場でもナイトデスクを置いて、24時間、顧客の注文に対応する銀行もあった。

為替のプロは、夜はほとんど熟睡していない。ゆっくり寝ることができるのは週末だけだ。24時間というよりも、月曜から金曜までの5日間、「120時間ディーリング」といったほうが現実に近いだろう。

もし「為替で儲ける秘訣を教えてください」と私が聞かれれば、躊躇なく「寝ないで相場を追い続けることです」と答える。私の周囲にいた優秀なディーラーは四六時中、相場を追い続けていた。

ポケットロイターという、ポケットにすっぽり入るサイズの情報端末がある。ディーラーはこれを肌身離さず持ち歩く。レストランに行くにも、地下だと電波が入らないので、いつも場所は地階以上を選ぶ。食事のときも、ほぼ本能的に数分に1回はレートを見ないと気が済まない。

こんな落ちつかないしぐさにも、周りは別として、本人は気にならない。私もポジションを持っていたころは異常なほどにせっかちになっていた。仕事と関係のない友人と食事に行くと、私の落ちつかない様子を見た彼らに「大丈夫か?」とよく心配されたものである。

面白い話を聞いたことがある。某大企業の元役員は為替の世界では知る人ぞ知るという、相場の鬼のような人だった。あるとき、アメリカから大手米銀の会長が彼に会いにきた。話に退屈してくると、彼は机の下でチラチラとポケットロイターを見ながら相場をチェックしていたというのだ。それほど、この役員は相場から目を離さなかった。

この役員は、私の銀行の元ボスとの間にもエピソードがあった。2人は東京支店の支店長ホストの音楽会に誘われた。演奏中、元ボスもお付き合いで参加したものの、ついついポケットから端末を出しては暇をもてあましていた。気がついてみると、横のほうで同じように落ち着きなく、もぞもぞ下を見てレートをチェックするご仁がいた。そのうち彼も、私の元ボスが同じことをしているのに気がついた。音楽会の後のディナーで、周囲そっちのけで、2人は大いに相場の話で盛り上がったという。

為替のディーラーはお世辞にも社交的とはいえない、相場を何よりも最優先に考える人たちである。

為替ではコールオーダーと呼ばれるオーダーの置き方がある。「深夜であっても、相場があるレートに到達したら電話をしてくれ」というオーダーだ。銀行のディーラーも常時、こうしたオーダーを置く。

相場がオーダーのレートに達したとき、それを連絡するほうは厄介だ。例えば、相手が海外だと、深夜に連絡することになるから気が引ける。さらにバツが悪いのはストップロス（損切り）がついたときの報告だ。自分のせいではないのだが、わざわざ顧客を起こして「あなた、損しましたよ」というのはつらい。

これが、海外の上司に電話するときは別の意味で神経を使う。自宅に電話をして本人が出ればまだましだが、奥さんが出たりもする。何となくプライバシーを見るようで気分は良くない。やおら、ベッドから出てきて、電話を取っているのが分かる。声も眠そうな声だ。しかし、彼らは不思議とレートはしっかり頭に入っていて、次の指示を出すのを忘れない。

為替のプロの場合、銀行からの電話は最優先で取る。寝ていようと、レストランにいようと、ゴルフをしていようと、一瞬一秒の違いで巨額の収益や損失が発生しかねない状況にあるからだ。

為替市場は120時間、常に収益のチャンスが開けている稀有な市場である。プロは一瞬のチャンスでも逃すと腹立たしい思いをする。プライバシーなど構ってはいられないのだ。

うまい話が満載のオプション

寝ている間もお金が入る?

「寝ている間もお金が入る」「ドルが上がろうが、下がろうが儲かる」「損失は限定できて連発で利食いが可能である」――。こんなうまい話があるのだろうか。答えは「イエス」だ。説明しよう。

通貨オプション取引は、もとはといえば保険商品である。その使用料は「プレミアム」と呼ばれ、そのプレミアムを払えば保険が買えるのだ。

ところが、オプションの最初の使われ方というのは逆だった。オプションをどんどん売ってプレミアムを稼ぐという手法である。

約定日から通常2日後に、プレミアムは売り方に支払われる。最初に高いお金を払ってオプションを買うよりも、先のことは分からないが、売って目先のプレミアムを稼ぎたいというのが、人の性のようだ。

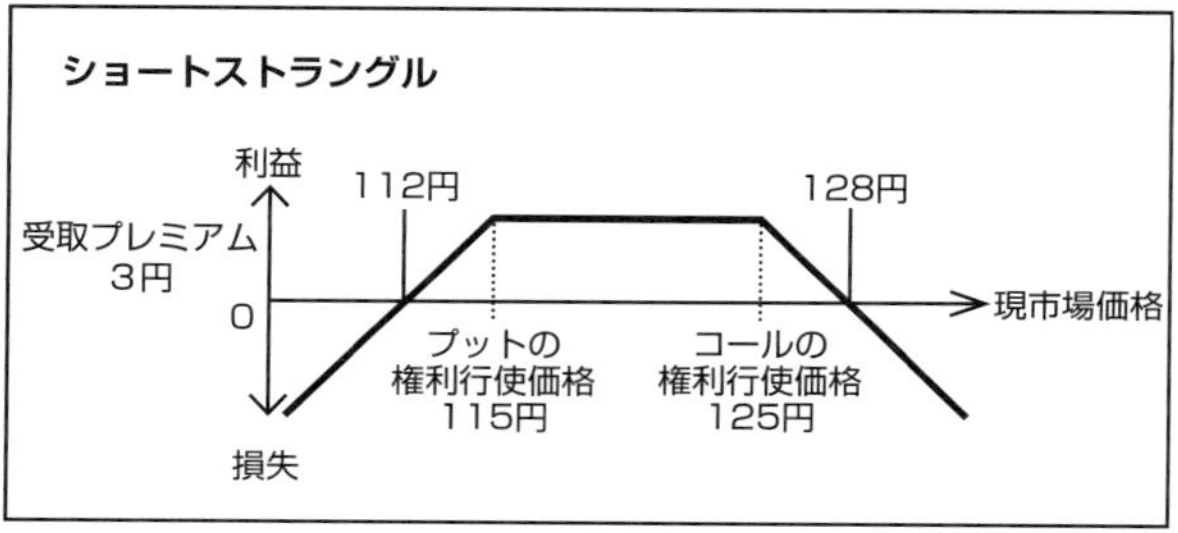

例えば、現在のドル円のレートが１２０円だとしよう。３カ月物の１１５円のドルプット（ドルを売る権利）と、１２５円のドルコール（ドルを買う権利）を同時に売れば、３円のプレミアムがもらえるとする。

元本が３００万ドルとすると、プレミアムの総額（元本×プレミアム）は９００万円である。単純にこのプレミアムを日割りすると、１日10万円だ。３カ月後に、ドル円レートが１１５円から１２５円の間で取引されていたとすると、この、プレミアム９００万円は総取りとなる。この手法をショートストラングルという。

それゆえ、オプションを売り、予想が当たれば「寝ている間も金が入る」というのは、正しい。しかし、３カ月後の相場が１１５～１２５円レンジの上下のいずれかに３円以上抜けると、プレミアム額を上回って

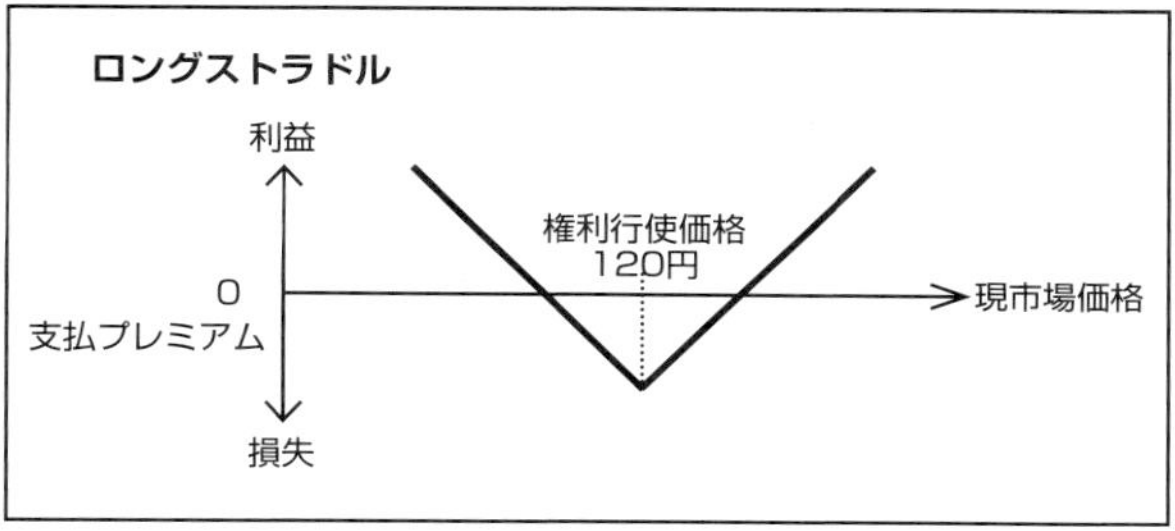

損失が発生することがあるのはいうまでもない。

次に、ドル高か、ドル安かの方向性は読めないが、今後、相場が大きく乱高下するのは間違いないと予測したとしよう。そのときには、例えば、先の例では120円ストライク（権利行使価格）のドルプットとドルコールを同時に買って持っておく。これはロングストラドルという手法である。

予想どおり、相場が動き始め、ボラティリティ（変動率）が上昇してきたとしよう。ボラティリティが上がればプレミアムも上昇する。その段階で、買ったオプションを転売すれば、数十銭から数円の値上がり益を享受することができる。だから「ドルが上がろうが、下がろうが儲かる」というのも正しいのである。

最後に、今度は先の例で120円のドルプットを買ったとしよう。プレミアムは2円で、これがロスの上限だ。

うまくドルが下がり、118円で一度、利食いをしてドル買いをいれる。その後ドルは反発して、122円まで上がったとしよう。すでに118円で買ったドルを持っているため、これを122円で転売すれば利食うことができる。これで、払ったプレミアムを差引いても2円のプロフィット（利益）が出る。

その後、またドルが118円まで下がれば、またドル買いをいれ、その後ドルが上昇すればまた同じように利食える。うまくいけばオプション満期日まで、永遠に同じことを繰り返すことができる。「損失が限定できて、連発して利食いができる」というのもやはり正しい。

以上は単純化したオプションの取引手法で、実際には、時間軸、変動率、方向性の3つの要素が絡み合ったオプションのストラテジー（収益シナリオ）を組むことになる。オプションが「3次元のゲーム」といわれる由縁である。

個人投資家には本来のオプションが持つ「3次元のゲーム」を楽しむことをお勧めしたい。

大事を聞くには小事から

その様子、さながらポーカーゲームのごとし

　セールスを担当していた私にとって、楽しみのひとつは、仕事柄さまざまな人に出会えることだった。

　東京支店にいたときには、海外の本店から役員が来るたびに、一緒に日本の財務省や日本銀行、大手事業法人や金融法人を訪問した。このときの丁々発止の議論がなんとも面白い。

　財務省や日本銀行との会合では、初めに、マクロの経済環境に関する意見交換がなされる。次第に興が乗ってくると、突っ込んだ議論が交わされる。我々は相手方の発言から微妙な政策的含意を探ろうとし、先方も積極的に海外勢の動きをヒアリングしてくる。そして、何度も同じ担当の役人に会っていると次第に信頼関係が芽生えてくる。彼らも外国人には英語のせいもあるのか、よりオープンになる。

また、海外の役員と大手事業・金融法人の役員とのスリリングな情報交換の席にもよく同席した。

こうした会合に出席していつも感じることは、彼らが驚くほど率直に、正直に自分の意見を述べることである。社交辞令はあまりない。そこまで情報開示をしていいのかと、こちらがハラハラするぐらいの内部情報を提供しあう。こうした情報はほとんどが一次情報で、伝聞のたぐいの話ではない。

こうした話はやはり電話ではできない。直接ミーティングで話すか、ディナーやランチで意見交換がなされる。ワインが少し入れば、話が弾むのは言うまでもない。

ある大手機関投資家との会合を再現しよう。海外の役員が「私の銀行で最近、アジアの中央銀行が結構ユーロを買っています。ヘッジファンドの一部もポジションを作っていますね。私も5000万ユーロばかり買って持っているんですけど、どう思われますか？」という質問を相手にする。

すると先方は「そうですか。まだ、ちょっと早いんじゃないですか。うちはユーロのポジションはいったん閉じましたよ」という。

「そうですか、もう少し待ったほうがいいんですかね」と結ぶ。

そこで、ミーティングが終わって車の中で、議論が始まる。「前回会ったとき、彼はかなりユーロに対し強気だった。今日の話はだいぶ違うな。多分、相当ユーロのロングでやられたんじゃないか。ポジションが切れなくて強がりを言って……。まだ実はユーロロングか、もしくは、損切りして今はショートかもしれないな」という展開になる。

そして、東京のボスが「彼の表情を見ていると、いったん、前のロングは投げて清々している感じだったな。おそらく、今は結構ショートになっているかもしれない。意外に日本の投資家全般もロングがかなりきれいになって、ややショート気味になっているとしたら逆にここはチャンスだ。もっとユーロを買ってみますか」と読む。早速、海外のボスは東京支店に電話し、ユーロ買いの指示を出す。

為替の主要プレイヤーはこうした情報交換をいとわない。情報が金を生むということを十分認識しているからである。むしろ、情報がすべてといっていいだろう。自分のポジションを開示し、お互いに腹を探ろうとする。そのうち、正直で信頼に足る者同士として、友情のようなものが芽生えてくる。

日本の大手企業の中にも年に数回、毎年ロンドンやニューヨークなどの主要市場の金融機関、政府機関を定期的に訪れ、情報交換を行うところがある。彼らは日本の企業の中でもまれな存在で、しっかりとしたネットワークを海外に作っており、為替でも勝ち続けていたようだ。

海外のプレイヤーを引きつけるには、まず、外からはうかがえない日本に関するホットな情報や分析を相手に提供することだ。そうすると、相手も胸襟を開き「実はこういう話もある」と身を乗り出して情報を教えてくれる。

守秘義務もあるので、お互いギリギリのところまで話をして、後は推し量るしかないこともある。もちろん、外国語での情報交換については、これはやはり慣れで、何度もやってみないと体得できないと思う。

ゲームには誰でも参加させていい、というわけではない。彼らもメンバーを選ぶ。そして、相手の手の内が自然と見えてくるとやめられなくなる。ゲームは延々と続くのである。

通貨の番人との付き合い方

13ポンドのワインを贈ったあの日

ロンドンにいるころは、ディーリングルームの外でも、各国の通貨当局の担当者と接する機会があった。それぞれお国柄があって、面白い経験をした。やや脱線するが、ご紹介したい。

ロンドン赴任後しばらくして東京から電話が入り、大蔵省の誰それがロンドン出張中であり、ついては「彼のためにゴルフをアレンジしてほしい」という。一瞬耳を疑ったが、相手は為替の担当者であるし、ゴルフを通じて親しくなるのもいいかもしれない。一度も面識のない人だけれども、東京がコストを持つというので引き受けた。

当時は、東京でも私の友人たちが日銀の人たちとかなり飲み歩いているのを聞いていたし、大蔵省の役人のゴルフ好きも耳に入っていた。そんな矢先のゴルフ接待だったので、そんなものかと思って割り切っていた。

それから、ほどなくしてノーパンしゃぶしゃぶから、ゴルフ、料亭接待で、大蔵省や日銀も世間から指弾を浴びた。その後は、彼らとはディナーはおろかランチでさえ、もってのほかになってしまった。今となれば懐かしいゴルフだ。

通常、中央銀行の役人たちが民間の人と会食するときにはいろいろと規制がある。これが紛らわしい。ＦＲＢ（米連邦準備銀行）の為替担当の職員が情報交換のためロンドンに来ることがあった。ＦＲＢの場合、民間からの接待は受けられないので、当然のことながら会食は割り勘となる。

あるとき、私の銀行の同僚が彼らのひとりを顧客用の社内食堂へ誘ったことがあった。会計になって、ＦＲＢの人間がここでも勘定を払うと言って聞かなかったというのである。しかし、本人も値段が分からないため、領収書をもらうのにやたらと苦労したという話を聞いたことがある。ＦＲＢの場合、ランチやディナーの経費の上限も厳しく定められていたようだ。

これが、オランダの中銀であれば割り勘は当たり前だ。ドイツやフランス、イギリスの中銀だったら、話はもう少し柔軟だったと思う。

韓国の役人たちにはこの点、違う意味で驚かされた。

一度、こういうことがあった。韓国中央銀行のお偉方がロンドンに出張に来ていた。いきなり、ソウルの為替担当者から「このお偉方のホテルにワインを1本差し入れてくれ」と注文が来た。一瞬、私の韓国語の理解が誤りで何かの間違いだと思い問い返しても、やはり間違ってはいなかった。

これにはあきれると同時に困った。いくら顧客からとはいえ、その申し出は明らかに倫理的に問題となるのが分かったからだ。韓国や日本とは違い「つけ届け」「贈り物」文化は、イギリス人にはなじみのないものである。正直にこの話をボスにしても反発されるのは目に見えていた。かといって、知りもしない、何の義理もないお偉方にポケットマネーでワインを送るのはしゃくに障った。

結局、思案した揚げ句に正直にボスに話すことに決めた。事情を話すと彼も明らかに不快な顔をし、即答を避けた。

私としては「結論はどっちでもいい」などと思っていたところ、ボスが意外にも

「ＯＫだ」と言った。ただし「条件がある」とも言う。ニヤッとして「ワイン1本、13ポンド（２０００円程度）が上限だ」。私も思わず笑いそうになった。

イギリスには通常、家庭で飲むワインは５～６ポンドからある。せいぜい出しても13ポンドぐらいが上限だ。これだと、特別に高価というわけではない。ソウルからこちらを信用して申し出が来ているわけだ。無下に断るのも悪いが、贈賄と思われても迷惑だ。苦肉の妥協策が13ポンドのワインだった。

私は早速ホテルに電話をし、ワインを1本、お偉方の部屋に差し入れるようにお願いした。意外にも値段が安く11ポンドのものがあるというので、それにした。その後、そのお偉方がワインをおいしく召し上がられたかどうかは聞いていないし、ソウルの為替担当者がそれで点数を稼げたかどうかも分からなかった。

ついでに脱線して、その後、その為替担当者とソウルで初めて会ったときの話も披露しておきたい。

彼の前任者は質実剛健を地で行く清潔な軍人のようなタイプで、一緒に食事をしても、支払いはむしろ自分のほうから先に出すような人だった。しかし、彼は前任者とはまったく違って、民間からの接待を受けるのは当然と考えるタイプだ。

さて、その為替担当者の会合のときに、香港から同僚のセールスも帯同していた。ソウル支店のディーラーも交えて4～5名で食事を終えたとき、彼らがルームサロンに行きたいという。香港の同僚が「2次会は俺が持つ」というので一緒に繰り出した。

ところが、このときはたまげた。爆弾酒（ポクタンジュ。ウイスキーのビール割）を競って飲む話は聞いていたが、爆弾酒を作るときにコップの上にかぶせたナプキンを、数メーター先の正面の壁面に思いっきり投げつけたのである。湿ったナプキンは壁面にぺたっと貼りつく。みるみるうちに何十枚ものナプキンが壁に貼りついた。その異様な光景を見て、何の前提知識もなしでやってきた香港の同僚はさすがに圧倒されていた。

その後、もう帰ろうと思って店を出ると、支店のディーラーが「お客さんがもう1軒行きたいと言っている。お金を出せるか」という。次の場所はビジネスから明らかに一線を越えたところだったので、私もあまりの非常識に頭にきた。きっぱりと断り「これ以上は面倒を見きれない」と言って、ホテルに戻ろうとして後ろを振り返った。すると肩を落とした支店のディーラーが顧客と話をしていた。もう1軒、本当に行きたかったのは顧客だったのか、支店のディーラーだったのか、今でも分からない。

通貨の番人たちとの情報交換にもお国柄があり、これはこれで一筋縄ではいかないものだった。

「コール」のひと声でドル円急上昇？
わざとうわさを仕掛けることも

為替の参加者は何よりもうわさ《ルーマー》が好きだ。ゴシップのような話も好む。大統領でさえ何度も市場で暗殺されるし、ミサイルも何度もぶち込まれる。企業やファンドも何度も破産させられる。容赦はない。

ロンドンでも、たまに為替チームがうわさを仕掛けることがあった。

例えば、市場が日銀によるドル円の介入を警戒しているとしよう。海外市場でも介入があるかもしれないと市場は虎視眈々とその動きに敏感になっていたとする。お昼すぎ、ニューヨークのディーラーが出てくるにはやや早い時間をとらえて、突然ドル円のトレーダーがドルを買い始めた。「コール！」とディーリングルーム中に響きわたるほどの大きな声で叫んだ。

たちまち蜂の巣をつついたような状況に一変する。他部門の連中は「為替のほうが慌しいが、何か、重要なニュースでも出たのだろうか」という顔でこちらをのぞき込んでいる。マルク、ポンド、スイスなど、ほかの通貨のトレーダーも一斉にディーリングマシンを叩き、他行から必死にドルを買い始めた。

そのうち、顧客からの電話がドンドン鳴り始める。「おたくの銀行が相当のドル買いに走っているようだけど、何かあったの？」と聞いてくる。セールスは「我々も何がなんだか分からないんだ」と答える。顧客は「何か重要な情報を隠しているな」と思ったのか、付き合いのあるほかの銀行に電話をして聞きまくる。

こうして、うわさがうわさを呼び「どうも、ある銀行に日銀の介入が入ったらしい」というストーリーができあがってくる。その間、ドルはどんどん上がっていく。そして情報端末にも「日銀、介入か　ディーラー筋」みたいな文章が出始める。

気がついてみると、ドル円のトレーダーは今度はせっせとドル売りをしている。ボスのボブは何食わぬ顔をして笑っている。この間、数分か長くて5分ぐらいだろうか。

みんなが「一体何があったんだ」とボブやドル円のトレーダーに聞く。「ちょっと、上がると思って試しに買ってみただけだよ」と言う。みんなが拍子抜けを食らう。「敵を欺くにはまず味方から」を完璧に演じていた。もちろん、これがいつも的中するわけではない。たまにやるから効果があるのだ。

私のお客さんでもこのうわさの効果を使う人がいた。それも、抜群にうまい人が。

突然、電話で「ユウさん、日本語版テレレートに『現在の為替は円高に行きすぎていて、1ドル140円が望ましい』という財務官の発言が出ているのを読みました？」と連絡してくる。「いえ、聞いていませんでした、すぐ調べてみます」と電話を置く。気になるので、ボブには真っ先に「今、こんな情報を顧客から聞きました」と伝えると、彼はすぐさま大声で「日本の財務官が140円と言っているぞ」と叫んで、ただちにドル買いを指示する。

おそらく、私のお客さんは影響力がありそうな5つぐらいの銀行に同時に電話をかけていたのだろう。レートを見ていると、そのうわさがどんどん広がっていくのが分かる。

日本語版テレレートは高価であるため、社内でも一台のPCのみに取りつけられていた。そのため、利用者がかなり限られていて、情報の確認にも時間がかかる。だから確認されるまでの間、ドルは上がり続けるのである。やがて内容が確認され、英語の情報媒体にも報道され始めると、市場には利食いが出て調整が入るというわけだ。

このお客さんも情報操作の達人だった。この手法もたまにやるから効果がある。そして、市場では最後までうわさの張本人は謎なのである。

「粘着質・ずるい・胆力がある」が美徳？

純粋に相場が好きな人は、相場には向かない

たまに「この人は本当に相場が好きだな」と思える人がいる。しかし、お人良しや、ものごとはかくあるべきと考えるタイプの人、自分の間違いを簡単には認めたがらない人、独りよがり……。こうした人たちには、いくら相場が好きでもお勧めできない。恐らく、本人は認めたくなくても相場には向いていない人たちだ。

また、いわゆるオタクの人もどうかと思う。チャートに関しては大変な知識を持っている。しかし、ディーリングになると、ことごとく方向が逆に動き、リバーサルインディケーター（この人の反対の取引をやれば儲かる、反面教師）と呼べる人もいるほどだ。相場は市場との対話がうまく、自分の世界に閉じこもらない人に向いている。

「この人はディーラーには向かないな」という人を多く見てきたが、逆に、最初

は向いていなさそうに見えて、後で「この人は向いている」と発見することがある。それは、「粘着質・ずるい・胆力がある」という人だ。意外にも、こういう性格がディーリングをするなかで明るみに出ることがある。本人もびっくりだろう。かくいう私はやはり、粘りに欠けている。レストランで楽しく食事もしたいし、夜はぐっすり寝ていたい。だから、トレーダーの道は早々に諦めた。体が持たなかったからだ。

私の知る「生き残り組ディーラー」はみんな顔色が悪いことで共通している。性格もややひねくれていて、いつも「ディーリングはもうやめたい」と不満を漏らしている。

ところが、この人たちの一番我慢できないことが「ポジションを1日でも持たないこと」というから、これはもう、業《ごう》のようなものである。売りか、買いか。ポジションを持っていれば当然、彼の成績表はプラスかマイナスを行ったり来たりしていることになる。最初にポジションを持っていないと、自分の予想が正しいか、そうでないかが分からない。「最初にポジションありき」が彼らに刻印されているのだ。

そして、ポジションの評価がマイナスになったとしても、彼らは平気でいられる胆力を持っている。大したものだ。

相場では勝つこともあるし、負けることもある。自分が間違うこともあるし、たまたま正しいこともある。負けたときには必ず理由があるが、勝ったときには運としか説明のつかない理由が多い。

相場好きで「こんなはずではなかった」と損失を隠して会社に多大な損失をかけるような人は、最初から相場に入ってはいけない人たちなのである。

為替市場は相場界のコンビニか？

個人投資家が参加しやすい市場

私は個人が参加できる最高の金融市場のひとつは為替市場であると思っている。それはなぜか。金融機関や大手企業と比べ、個人が取引をするうえで不利なことがほとんどないからである。つまり、市場がオープンであり、フェアであり、透明性があり、いつでも24時間、売り買いできるからだ。

株式は別として、債券や先物・オプション市場では、最低取引単位や参加資格で制限が大きく、手元資金が少ない個人は参加できないことが多い。しかし、為替であれば、最低の証拠金さえあれば十分だ。

また今では、為替の情報に関しては、金融機関や大手企業が接する情報のほぼ90％を個人でも取得できる。というのも、ほとんどの情報は公開されており、インターネットを通じて入手できるからだ。インサイダーですぐ儲かるというような情報は皆無なのである。

さらに、一部の大手プレイヤーが牛耳ることができないほど市場の規模が大きく、またその影響力は限られるため、市場はフェアといえるのである。

80年代末、最初の円債バブルのとき、私は円債のトレーディングをやっていた。当時は公定歩合が2・5％となり、10年国債の利回りが2・55％をつけるなどのバブルであった。

そのときは、野村や大和などの日本の証券会社に外資の一部がしのぎを削って玉の打ち合いをやっていた。「野村が5000億買った」とか、「大和が7000億売ってきた」などが平気で行われていた。私などは3億とか5億でちょこちょこやっていただけだから、大海に浮かぶ藻草のようなものだった。

証券会社に「何でこんなに売られているのですか」と聞くと「大和が野村へのリベンジで売っている」と言う。そのうち「野村の円債担当者がロンドンに出張に行くので、これから相場は崩れる」とかいう話もあって、何が何やらさっぱり分からず、この世界は私が入る世界ではないなと思ったものである。

ついでにいうと、円債や株式ではツーウェイクォート（売りと買いを同時に建値すること）が一般的ではない。「買いですか、売りですか」と聞かれて、その後で価格が提示され「それでお願いします」となる。

しかし、為替の世界ではツーウェイクォートが普通だ。顧客が「売りなのか、買いなのか」をトレーダーがあらかじめ知ることはできず、またスプレッドも小さい。トレーダーがマージンを上乗せしてプライスを出すことはできない。

債券や株は、提示された価格（売値も買値も）にマージンが載せられている感が否めず、顧客の立場から見て、透明性のある取引とはどうしても思えなかった。

さらに、債券や株式、先物などは、決められた時間帯のみで取引が行われている。取引時間内と時間外との間にはギャップがあり、その間、相場に影響がある材料が出ても動くことができない。

例えば、円債の先物市場で、昼休みに重要な情報が出たとする。すると、午後のオープン直後にいきなり売り、もしくは買い殺到でシステムが対応できなくなってしまう。そこで一度中断して、売り買い注文を整理する「板寄せ」となることがある。

そして、改めて場が開いたときには、相場の水準が大きく飛んでいることも多い。相場が荒れてしまい、1日に何度もこういうことがあると「いい加減にしろ」という気持ちになる。

この点、為替の世界では、流動性は文句なしである。常に血液のように流れており、取引が途絶えることはない。夜中にいきなり戦争が始まろうが、どこかにミサイルを打ち込まれようが、為替の市場はよほどのことがなければ閉鎖されることはないのだ。いつでも電話1本で取引可能である。この利便性を個人でも持ち得るというのが為替取引の大きな魅力のひとつだろう。

「オンリーユー」は魔法の言葉？

「あなたにだけ」と言われたら情がわくもの

「これは絶対言わないでほしいんだけど、この前のドル売りはアメリカの子会社の株を売ったのが理由です、これからも数百本単位で（数百億円規模）出てくるかもしれません」とお客さん。「なるほどね、そうでしたか」と相づちを打つ。

私の仕事は外国為替の営業で、日本の大手商社やメーカー、生命保険会社などがお客さんだった。担当者とよく会食し、深酒もした。そして、その日のメインイベントが「オンリーユー（あなただけ）」の情報交換である。

顧客から貴重な情報を聞いた私は、負けじと「実はうちの海外の大口顧客がドルの買い持ちを膨らませていて、そろそろ売りに出そうですよ」などと、守秘義務ぎりぎりのところで情報を提供する。すると相手は「ぜひ、その客が動きはじめたら教えてくださいね」ということになる。この瞬間が好きでなかなかやめられず、私もずいぶん為替の世界に長居をしてしまった。

酒を飲みすぎて、肝心の打ち明け話を翌朝になると忘れてしまっていることもある。それでもよかった。お客との間にある種の友情のようなものが芽生えたことがうれしかったのである。

昔、落合信彦氏が彼の本の中で「日本人は情報を直接、海外の連中から取ってこなければならない」と書いていた。例えば、石油の情報だったら中東のドバイの何とかいうパブに行かないと現地の生の情報は取れないなどと講釈を述べていたことを覚えている。

その言葉が、私に引っかかっていたのは確かである。幸運にも私が勤務したロンドンの銀行は、当時から世界トップクラスの為替チームだった。私も多くのディーラーに出会い、市場の見方を教えられ、情報の取り方や解釈の仕方を学んだ。「ここだけの話」のとりこになったひとりである。

スウィンギング・ロンドン

サッチャー時代の民営化路線、規制緩和が実を結び始めた90年代後半に、トニー・ブレアという、若くてエネルギッシュな首相の登場とタイミングを同じくして、イギリス社会は大きく変わった。

とりわけ、ロンドンはスウィンギングシックスティーズの再来と言われた。ロンドンは60年代のビートルズやツィギーに象徴される、世界の若者文化の発信地に再び変貌しようとしていた。

私がロンドンに滞在した期間だけでも、街の様子はがらりと変わった。

デザイナーのテレンス・コンランが経営するおしゃれなレストランや、ロバート・デニーロ経営の「NOBU」もオープン。ゴードン・ラムゼイやジェイミー・オリバーなどのカリスマシェフが登場して、モダンブリティッシュの料理を演出した。

ロイヤルオペラハウス周辺のコヴェントガーデンには、若者向けのブティックや小物を売る店が続々とオープンして街の姿を変えていった。

テムズ川周辺にも大観覧車「ロンドンアイ」が誕生し、モダンテイト美術館もオープンして、サウスバンクが新たな遊歩道として生まれ変わった。

好況のシティも拡張し、テムズ川下流のドックランド、カナリーワーフのほうへ一部が移動、川の周辺には単身者向けのおしゃれなアパートが数多く建設された。

外国人も数多くロンドンへ住みついた。とりわけ、アメリカ人の駐在員が大挙して押しかけた。「ノッティングヒルの恋人」は、そうした彼らの〝ロンドン生活への愛着〟を象徴するものだった。トム・クルーズやマドンナもロンドンに家を購入し、しばしばこの街を訪れていた。

驚くことに、ほぼ10年にわたってイギリスは好況を享受し、ロンドンのある人気スポットでは、住宅価格が年率十数%の勢いで上昇し続けた。ポンドも堅調を続けた。イギリスのこの10年間はまさに瞠目すべき変化を謳歌したと言える。古くてやる気のないイギリス人自身が、チャレンジングでエネルギッシュな人たちに変わっていったのである。

これからのイギリス社会は、さらにどのような変貌を遂げていくのであろうか。

第7章　乾いた市場

外国為替市場は、アジア通貨危機を経て焦土と化した。そしてユーロが誕生し、電子取引が普及して、多くのディーラーも市場から駆逐された。中国、人民元の台頭で、市場は新たなダイナミズムを生んでいくのだろうか?

通貨危機の波紋

荒涼感漂う宴の後

1997、98年のアジア危機、ロシア危機の後の相場は、奇妙な荒涼感が市場全体に漂っていた。マレーシアリンギットはすでに取引規制が行われ、投資した資金は数年間、塩漬けの状態にさせられた。リンギットは事実上、国際市場から撤退した。タイバーツ、インドネシアルピアも、取引に際してさまざまな規制が掛けられた。危機以前は、何千万ドル単位でも取引できた通貨が、数百万ドル単位でしか取引できない状況になっていた。

LTCM（ロングターム・キャピタル・マネジメント）の破綻、タイガーファンドの撤退に象徴されるように、ヘッジファンドの運営もかなり傷んでいた。銀行や証券会社などの自己売買部門でも多くの損失が明るみに出ていた。市場参加者の多くが「やりすぎた」という自責の念のようなものを感じていたと思う。

実際、当局から何の規制も受けていないヘッジファンドが猛威を振るって、新興国の、それまでの何十年にわたる国家建設を容赦なく傷めつけて、為替のディーラーたちも足を踏み外したとしか言いようがなかった。フェアなトレードとは言えなかった。

当然、こうしたヘッジファンドに対して、信用を供与していた銀行や証券会社にも風当たりが強くなる。私の銀行でも、トップが「ヘッジファンドとの取引は一切まかりならん」という通達を出した。ほかの金融機関でも、同じような動きがあったものと思う。結果として、ヘッジファンドの活動は鈍ることになる。

また、通貨危機の影響で大きな損失を出した銀行、証券会社の自己売買部門やデリバティブ部門は縮小や撤退を余儀なくされ、必然的に彼らはリスクを取らなくなってきていた。

市場は、大中小の魚が共存して生息している大海のようなものである。クジラが欲張ってすべてを独り占めしようとすると、中小の魚は寄りつかなくなる。

事実、無数の中小のプレイヤーが為替市場を豊かにしていた。しかし、相場が乱高下し、投機の大波にのまれた結果、多くの犠牲者も出た。ロンドンのディーリングルームでは、ヨーロッパ大陸などからの中小金融機関の取引に数多く応じていたが、これらも極度に減少することになった。

市場には、規模の大小はともかく、リスクテイカーが不可欠である。彼らが流動性を形成するためである。ところが、先に挙げた理由で彼らの取引参加が極端に細り、ビッドとオファーのスプレッドは広がり、取引単位も縮小してしまった。

通貨危機後は、相場の死を予感した荒涼感がしばらくは続いた。そして、これはもう自己回復能力に期待するしかなかった。

1999年のユーロ誕生

新しい通貨誕生で職を失った為替ディーラーたち

為替のディーラーにとって、1999年のユーロの誕生は歓迎すべき事柄ではなかった。

当時、私が担当したある多国籍企業のひとつは十数個のヨーロッパの通貨ペアを管理していた。マルクフラン、マルクペセタ、マルクリラ、マルクギルダなど、通貨ペアごとにポジションを管理し取引を行っていた。そのため、取引に伴う手数料などのコストに加え、ヘッジコストやポジションを管理するための人的・システムコストがかかる。それらは長年の間、その企業にとって大きな負担になっていた。

ところが、ユーロが誕生し各国の通貨がすべてユーロとなったことで、管理しなければならない通貨ペアは激減した。ユーロの対ドル、対ポンドなどのポジションは残るものの、負担は大きく軽減された。ユーロの誕生によって、多くの多国籍企業に経済的メリットが生まれたのだ。

逆に、中小の金融機関を含め、ヨーロッパ通貨間の取引で手数料を稼いでいた金融機関には莫大な機会損失となった。

ユーロが誕生した当初、その取引は活発と言えなかった。当初、私の銀行ではユーロドルやユーロ円の取引は、ドルマルクやマルク円などの取引ボリュームと比べるとそれぞれ5分の1から10分の1程度に低迷していた。先が思いやられた。

新しい通貨ということで、為替ディーラーも取引に戸惑った。過去のデータがないために「通貨が高い・安い」のレベルを知ることができず、相場の材料に関する市場の反応も読めなかったのである。当初は誰もがドイツマルクを懐かしんだ。

ユーロ導入前は、欧州通貨といってもマルクが主軸で、フランスフラン、イタリアリラなどの通貨は、ほぼマルクに連動していた。それゆえ、欧州通貨の対外価値はマルクの動向だけを見ていればよかった。

マルクの動きは、ドイツの経済・金融動向の影響を受ける。とりわけ、ブンデスバンク（ドイツ連邦準備銀行）の金融・為替政策をウォッチすることが、マルクの動向を占ううえで必須であった。事実、為替市場でのブンデスバンクへの信頼は抜群で、ブンデスバンクの総裁、チーフエコノミストの発言に市場は一喜一憂した。

ところが、ユーロが誕生してからというもの、各国の金融、中央銀行当局者の発言が一致しなくなった。ディーラーから見れば、材料を解釈しにくくなったわけである。ユーロが取引を開始してもなかなか活気が出ず取引量が増えなかった理由には、こうした背景があったからではないかと思う。

為替ディーラーへの影響は、もっと直接的であった。主にヨーロッパ通貨間の取引に携わっていたトレーダーはいらなくなる。彼らはほかの通貨担当になるか、別の仕事を探すかの岐路に立たされた。

私はそれまで、ロンドンのディーリングルームで米系の金融機関に見られるようなクビ切りを見たことがなかった。ところが、先に述べたように通貨危機後に市場の取引規模が著しく減少したことと、ユーロの導入を控えて、為替のチームにも初めて〝それ〟が訪れた。

トレーダー、セールスを含めて、6～7人が対象になった。早朝にいきなり彼らは別室に呼ばれた。ボスと人事担当が面会をする。30分もたたずに、彼らはそのまま自分の机に一切手をつけずに家に戻らなければならない。人生でもっとも長い1日のひとつであったと思う。

クビにするほうも、顔を真っ赤にしていた。誰もやりたくない役回りだ。ディーリングルーム中がお通夜のようになる。

夕方のパブでの飲み会では「まだ犠牲者は出るのか。今度はどこか」などと、みんなが詮索をし始める。今思うと、映画『チョコレート』に出てきた、死刑執行日前夜の看守たちの奇妙に高揚した飲み会に似ていた。

ユーロの誕生は、ディーラーにとっては不吉な死の影を引きずっていた。

電子取引の台頭

その結果、大幅な人員削減へ。そして、市場の活力減少へ

今から考えると、２０００年の前半は世の中が奇妙な熱に浮かれ、インターネット、ＩＴ関連の株式バブルに狂奔したときであった。

大手メーカー企業担当のひとりが「ユウさん、すごい時代ですよ、親会社よりも子会社の株価のほうが何倍にも上がっているのだから。私の同期で、出来の悪い奴のほうが子会社に行ったのですが、彼らの持ち株が今では時価で1億円を超えているのですよ。私は何か損をした気分ですよ」と冗談とも本気とも取れることを言う。

私は「日本もサラリーマンがまじめに働いたら、かなりの報酬をもらえるようになる良い時代になった」と悠長に考えていたから、バブルに気づくのは遅かった。

そのうち、世の中は「Ｅビジネス担当」という肩書きが大企業を中心に全世界的に広がった。

私の銀行もご多分にもれず、Eコマースプロジェクトが香港で始まった。これは、マネジメント肝入りのプロジェクトだった。ロンドンやニューヨーク、シンガポール、シドニーの各センターから人が集まり、インターネットをベースにした新しい顧客取引マシンの基本設計を始めた。同時に、ウエブ上で展開する情報サービスのコンテンツも決めていった。

初めのうちはデモのシステムは安定せず、しょっちゅうダウンする。そうなるとすぐにティールームで茶飲み話になる。

話のなかで誰かが言う。「インターネットの誕生で為替の取引が激変し、これからは多くのトレーダーはいらなくなる」。システムを通してグループのひとつのセンターからプライスを出せば、ほかのセンターにいるトレーダーはいらなくなるからである。

すると、トレーダー代表が「いや、これからは顧客が銀行とウェブ上で直接取引ができるわけだからセールスもいらなくなる」という。いずれにせよ、システムがすべてを代替し、人が大幅に削減されるという方向を疑うものはいなかった。

実際、その後まもなく、東京支店では10人ほどいた為替のトレーダーが2人になってしまった。Eプロジェクトを先取りして人が辞めたり、外国人は海外に戻ったりした。

Eビジネスは明らかにディーラーたちの人生をも変えつつあった。香港でプロジェクトに参加したロンドンの為替セールスのヘッドは、その後、行内のEビジネスのシステム作り専門になり、為替の市場から離れてしまった。

また、プロジェクト全体の責任者も会社を離れ、Eトレーディングのソフト開発会社を自分で立ち上げ、独立した。この2人は市場の魅力よりもEビジネスの将来性に心奪われたのだ。

参加者の多くも「自分たちも今の仕事を続けるよりも、Eビジネスのソフトを作って、ほかの金融機関に売るほうが儲かるのでは」と話していた。みんな、夢を追っていたのである。

ともあれ、Eコマースのトレーディングシステムは顧客にも次第に浸透するようになった。マルチプラットフォームという、複数の銀行がひとつのサイトで為替の建値をするようにもなった。スプレッドは縮まり、銀行間の競争は増した。そして、ほとんどの銀行は自行独自のウェブサイトを立ち上げ、情報サービスの向上に努めた。この結果、顧客にとっては、経済性も、利便性も格段に良くなったのである。

しかし一方で、電子取引の導入はそれを通じて為替に従事する人口の淘汰を行い、市場の活力を奪った。このことは否めない。

インターネットバブルに浮かれてから5年が経過した今では、為替市場の取引の大部分が電子取引を通して行われている。

日本のサムライディーラーは散った

お人よしが災いか

東京市場の衰退は通貨危機などに関わりなく、90年代を通して進行していた。バブル崩壊後、東京市場ではまず、リスクテイカーが徐々にその姿を消していった。少し振り返ってみよう。

ロンドンにいるとき、時差の関係で早朝から日本に関してのびっくりするニュースに接することが多々あった。オウムのサリン事件や阪神大震災、長銀や山一の破綻など、いずれも朝早くオフィスにきて初めてニュースを知った。

たまに思いもよらぬニュースが朝から飛び込んできて「ええっ！」と椅子から転げ落ちそうになることもあった。「ユウさん、おはようございます。ニュースを聞きました？　X社が2千億円を上回る為替の損失を出したという発表がありましたね」。

ところが、こうしたニュースが一度でなく二度もあった。早朝の電話で「ユウさん、Y社が為替取引で500億円もの損失を出したらしいですよ、お聞きになりました?」と言う。さすがに、二度目となると落ち着いて聞けたが、いずれの会社も責任者も含め、関係者をよく知っていただけに、朝から大変なショックだった。正直、彼らの損失に関して何も気づいていないわけではなかったが、やはり発表された金額は予想を大きく上回り驚いた。

しかし、複雑な気持ちであった。というのも、当時の東京の為替市場でこの2つの会社ほど銀行(個人も含め)に儲けさせてあげた会社はなかったからである。

顧客はディーリングで負ければ市場から退場を迫られる。ブローカーである銀行はそれでも生き延びる。これは芸能界と同じだ。役者などは浮き沈みが激しい。しかし、司会者は何年も元気で生き延びる。

話はやや飛ぶが、海外に生活しながらそこの子供たちを見ていると「何で、ここの子供たちはこうも悪いのか」と思うことがある。それは、その子たちの家が貧しいとか、金持ちだとかは関係ない。とにかく、よくそんなことを思いつくなと感心するほどに悪いことをする。そして、大人たちからも「騙されるほうが悪い」という風潮を感じることがある。

ところが、彼らに比べて日本人は性善説でしか説明のきかない民族である。残念ながら、この性質は金融市場という〝駆け引きと騙し合い〟がある生き馬の目を抜く世界には向いていない。

実際、ロンドンで仲間から何度も聞かれた。「日本人はどうしていつもお人よしで、相場の高値で買って安値で売るんだ」と。

ディーラーもサラリーマンである。会社内で稟議を上げるのには時間がかかるし、自分だけ人と違うことをやった後で失敗して責められるのはやはり恐い。それに「赤信号みんなで渡れば怖くない」という考え方があるんだなどと、彼らに説明しても何か空しいものが残った。

もちろん、日本人ディーラーのなかにも優秀な人たちはいた。しかし、私が知るかぎり、勝ち続けたディーラーはほとんどいない。

困るのは、リスク感覚を失い、会社の体力以上のポジションを張る人がいたことだ。所詮、ディーリングである。賭けるのは相場であって、会社の命運を賭けてはいけなかった。

ともあれ、90年代を通して、いくつかの企業による為替ディーリングでの巨額損失が明るみに出た。そして今、東京市場はほんのひと握りのリスクテイカー（商社など）しかいない市場になってしまった。

ロンドン、ニューヨークなどの外国人ディーラーから見れば、バブルの時代から日本人は最高のお客さんだった。「お人よし」で、とてつもない巨額の資金を動かすジャパンマネーのおかげで海外の多くのディーラーが潤い、家を建て、高級車を買った。こうして日本のサムライディーラーたちは散り、外国人ディーラーは生き延びたのだ。

HRRの横暴　市場全体の活力を失わせることに

東京市場が衰退した理由のひとつとして、ヒストリカル・レート・ロールオーバー（HRR）という取引慣行の問題が挙げられる。

「うちには、超円高のころに予約した、持ち値が90円ぐらいの、ドル買いの為替予約がまだあるんですよ」

企業で為替を担当している人でなければ何のことを言っているのか、さっぱり分からないだろう。

東京市場には昔からHRRという取引慣行があった。これは、為替予約（通常1年以内）の期日が来たときに、いったん、実勢レートで決済して値洗いをするのでなく、市場実勢とかけ離れた為替の約定レートを何年にもわたって延長できるという取引慣行のことである。

先の発言は、良い持ち値のドルの買い予約をまだ持っているので、反対売買をしていつでも利益を出せることを意味していた。つまりHRRを使えば、（企業にとって）為替の利益や損失を先延ばしすることも可能だったわけである。

過去、日本企業が巨額の為替差損を出しても、すぐに判明しなかったのはこうした慣行のせいでもあった。

当局も、90年代初めから、損失隠しにつながるこの慣行に対する監視を強め、通達などによって規制に乗り出していた。多くの外資系銀行がこの指示に従い、顧客取引でのHRRを禁止していった。その結果、顧客との取引が激減し、東京市場の取引規模を収縮させる一因にもなっていった。

しかし、原則、HRRは個別企業による為替予約の会計処理の問題であり、合理的な理由も会社によってはあった。そのため、多くの機関投資家や企業にとってHRRは使い勝手が良く、この慣行が完全になくなることはなかった。

日本に帰国した当初、顧客ビジネスを伸ばすにはどうすればいいかと聞くと、セールスの誰もが「HRRができなければビジネスは増えない」と話していた。ちなみにロンドンで、ＨＲＲは損失隠しの法律違反で、マネジメントは一顧だにせず、とりあってもくれなかった。それでも日本に戻ってから、厳しい条件つきながらも合理的な理由があれば「個別にＨＲＲに対応すべきである」という本店への要請に、私もかなりのエネルギーを費やすことになった。

為替予約の会計処理ということでいえば、日本の場合、グローバルスタンダードと言えなかった。当局の姿勢も中途半端であった。

また、多くの顧客を抱える邦銀は、ほとんどがこの慣行を踏襲していた。外資系の中にはＨＲＲを認めているところとそうでないところがあり、競争条件は平等ではなかった。顧客の対応もまちまちだった。とっくにＨＲＲをやめているところもあれば、それができない銀行とは取引しないと強弁する会社もあった。

ともあれ、ＨＲＲをめぐる当局および市場関係者の不透明な対応は、公正な競争を阻害し、結果として東京市場全体の活力を失わせる一因となった。このことだけは疑いようがなかった。

さらば東京市場

淘汰される為替ディーラー

２０００年以降、新聞紙上で「外資系銀行、証券会社が外国為替や日本株部門の業務を縮小、もしくは撤退する」という記事をよく目にした。外国為替に関しては銀行間のトレーディング部門を香港やシンガポールに移す動きが主流だったが、一部には支店の閉鎖や外国為替の取引から一切撤退する動きも出てきていた。

90年代半ばから始まった東京外国為替市場の衰退は、リスクテイカーの退場、ＨＲＲなどのほかにも理由があった。

一番の理由は、この間、生保の動きが静かになったことである。もともと、生保の外債投資は日本株の含み益をテコにして活発に行われていた。しかし、日本株の含みがなくなったこと、会計制度の変更もあって、生保は為替リスクが取れない体質になってしまったのである。

さらに、大手の輸出・輸入企業が外貨建て債権・債務を帳簿上で相殺し始めた。これで、大手輸出企業の為替の取扱高は激減した。こうした状況の中で取引高を維持してきたのは、東京市場の為替のプロ集団である大手商社ぐらいであった。

一方、投資顧問業界では投信や年金の海外での運用拡大に伴い、為替の取引量が大幅に伸びた。機関投資家の中では例外的存在になった。さらに、個人が外債投資や外貨預金を通して、為替市場に影響を及ぼし始めたことは新しい動きとなった。

しかし、リスクマネーが東京市場から減少していくトレンドは全体的に変わらなかった。邦銀の名物トレーダーも数少なくなった。外資系金融機関のトレーダー、プロップのトレーダーも退職するか、営業へと異動になっている。

多くの人がディーリングルームから去り、プライベートバンキングや外国為替の証拠金取引会社、金融情報専門会社へと転職した。かくいう私も銀行のプライベートバンキング部門を経て独立し、コンサルティング業を始めた。

70年代半ばから東京市場に登場した為替ディーラーという職業は、もはや淘汰されつつあるのかもしれない。

転換期を迎えた外為市場

為替のネット取引普及で！

東京の外国為替市場で唯一といっていいほど積極的な材料が「個人の参入」だ。2000年ごろから、個人を対象とした外国為替証拠金取引の会社が、雨後のたけのこのごとく誕生した。5年たった今は競争が激化し、淘汰の時期を迎えているようだ。

超低金利が続き、株式市場の商いが低迷したころ、トレーディングに興味のある〝個人〟層が積極的に為替の証拠金取引になだれ込んだ。海外でも為替の証拠金取引はあるが、日本ほど活発とは思えない。というのも、為替に代わる投資手段がいくらでもあるからだ。しかし、日本では金融商品の種類に限りがある。そのため、個人が為替を積極的に投資対象として行うようになったのだと思う。

これまで何度か述べてきたように、為替市場は個人にとっては大手と対等にわたりある数少ない公平な市場である。株式のようにボラティリティ（変動率）は高くなく、勝ちも負けも小さくできる、比較的入りやすい市場である。

以前、何年かぶりに元銀行の審査部の先輩と食事をした。彼がしきりに携帯を見るので「どうしたの」と聞くと、「今、ユーロのストップロスがつきそうだ」と真剣な表情で答えた。聞けばFX取引を始めて1年ぐらいになるという。「ディーラーが大変だっていうのがようやく分かったよ」とのコメントだ。

外貨預金をしている人たちは、特に為替には敏感だ。ドル高のときには「目先、円高にぶれそうだからドルを売って、少しユーロに替えてみようか」と相談してくる。自分なりの相場観を持っているのだと思う。それでも、総じて言うのが「為替は本当に先を読むのが難しいね」である。

為替の予想はせいぜいできて3カ月先までだ。6カ月先から1年以上となると、変数が変わりすぎてほとんど予想できない。買い切りや売り切りでなく、機動的に売買をすべきだと思う。

さて、外為市場は東京だけでなく、世界的にみても大きな転換期を迎えているようだ。「為替のオンライン取引が普及し、為替ディーラーが駆逐される」「世界の為替市場のなかでは、オンライン取引のレートを出し続けるロンドンだけが生き残るかもしれない」とは以前から市場関係者の間で言われていたことである。むろん、誰にも将来の予想はできないが。

一方、中国やインドが外為市場に参入し、70年代に日本が新しい参加者として市場を拡大させたように、将来的には外国為替市場がさらに拡大する可能性もある。とりわけ中国人民元などの取引が完全に自由化されれば、アジアでは新たな収益機会が訪れるかもしれない。

世界の外国為替市場は変容するものの、今後もそのダイナミズムは生き続けるのではないだろうか。

おわりに
テムズの川下り

日本人の同僚が企画して、日系企業の駐在員の方々を招待して、テムズ川の川下りを楽しんだことがある。

不思議と人間は乗り物が好きなようで、クライアントも船に乗り込むと自然に笑みがこぼれた。小さな船でもマストは高く、タワーブリッジの下をくぐるときには、つり橋がわざわざこの船のためだけに開く。そして、橋の上の交通は数十秒間遮断される。美しい橋をくぐりながら、つい「良い気分」になり、同乗者からはため息と歓声が漏れる。

船はさらに下流の、グリニッジ時計台のそばを通り、ミレニアムドームを横目に見ながら、汐止めの近くまで航行して折り返した。

美しい眺めと心地良い風に吹かれて、甲板上でワインを片手に談笑しながら、みんなが時を忘れた。不思議と、こうした場所では初対面の方ともすぐ親しくなれるし、うちとける。日ごろオフィスでは難しい顔をしている人も、船の上ではみんなにこやかだった。

当時の顧客の方々、同僚、上司には本当に感謝している。読者には、そうした私の感謝の気持ちと、テムズの川下りで感じた和やかな雰囲気を、本書を通じて少しでも味わっていただければ幸いである。

あとがき

本書は、２００５年６月に単行本で出版された『為替の中心ロンドンで見たちょっとニュースな出来事』（パンローリング刊）を文庫化したものである。

本文の内容は一部の加筆、修正を除いて、ほぼ全文をそのまま載せている。ただ、単行本の「あとがき」、最後の章「スウィンギング・ロンドン」の一部は割愛され、その代わり巻末に用語集、本文には図表が追加されている。これらは若手編集者の高倉美緒さんの新しくＦＸを知ろうとする人たちに、より分かりやすく、親切にという熱意と努力の賜物である。この場を借りてお礼を申し上げたい。

本書が文庫本になることで、より多くの読者に楽しんでいただければ幸いである。

柳基善（ユウ・キソン）

ボラティリティ

為替レートの変動する割合のこと。過去の為替レートの動きを統計学的に算出した「ヒストリカルボラティリティ =HV」と、オプションのプレミアムから逆算される「インプライドボラティリティ =IV」がある。IV は「将来価格がこれくらい変動するだろう」という市場の期待を暗示している。

レバレッジ

てこ。投下した資金よりも大きな金額の商品を動かす力。建玉のレバレッジが大きければ大きいほど利益や損失の可能性は高くなる。

レート

比率。外国為替レートとは、異なった通貨を交換するときの比率のこと。

ロング

買い、または買うことによってできたポジションのこと。相場が上昇することで利益を得られる。また、買いポジションを保持している状態を指すこともある。

プレミアム

①オプションの価格のこと。

②フォワードレートが直物レートよりも高い状態。金利の低い通貨は金利の高い通貨に対してフォワードがプレミアムになる。

プロプライアトリートレーダー

自己ディーリングによる売買でポジションをとるディーラー。

ペッグ制

自国の通貨と、米ドルなど特定の通貨との為替レートを一定に保つ制度。日本をはじめとする主要国は、ペッグ制ではなく、変動相場制を採用している。

ヘッジコスト

ヘッジ取引に要するコスト（経費）。一般的に円とヘッジ対象通貨の短期金利差を反映する。

ヘッジファンド

投資家から資金を集め、さまざまなデリバティブを駆使して絶対収益を追求するファンド。元々は一つの資産に投資して、そのリスクをヘッジ（回避）するような取引を組み合わせた運用を特徴にしていた。今ではいろいろな運用ストラテジーを持つ。

ヒット

業界用語では、市場にあるレートを売ったり買ったりする行為を「ヒットする」という。売るときは相手のビッドレート（買値）を、買うときは相手のオファーレート（売値）をヒットする。

ファンダメンタル分析

値動きを予測するために経済データ（ファンダメンタルズ）を使う分析のこと。例えば、通貨のファンダメンタル分析では、相対インフレ率、相対利率、相対経済成長率、政治的要因といったことに注目する。

フィボナッチ

１から始まり、前の２つの数字の総和が続く数列。つまり「1、1、2、3、5、8、13、21、34、55、89……」と続く。連続する２つの数字の比率は、数字が大きくなるにしたがい0.618に収束する。また、１つおきの数字（例えば、21と55）の比率は、0.382に収束する。これら２つの比（0.618と0.382）は、よく押し目や戻りを予測するのに使われている。

プット

オプションの一種。約束の期日、または約束の期日までに、あらかじめ決められた数量の対象物をあらかじめ決められた価格で「売る権利」。

先物、オプション、モーゲージ担保証券（MBS）などをデリバティブという。また、空売りを仕掛けたり、ダウンサイドリスク（下振れリスク）を回避するためにヘッジをかけたりするときにデリバティブが用いられる。

仲値（なかね）

対顧客外国為替業務に適用する、当日受け渡しの基準レート。午前10時（9:55）のスポットレートを基準に、各銀行ごとに5銭刻みで決められる。

ノックアウトオプション

相場水準がある一定の価格(バリアー価格)に到達、取引された場合、オプションの権利が消滅してしまうオプション。バリアーオプションの一つで、相場水準が満期までの間にバリアー価格に達しなければオプションは有効だが、バリアー価格に達するとオプションが消滅してしまう。

バリアーオプション

オプション取引の1つ。資産価格がある一定のレベルに達すると、オプションが発生または消滅するという取引。発生するタイプはノックイン、消滅するタイプはノックアウトという。

ツーウェイクォート

買い手が提示するレートをビッドレート（bid rate）、売り手が提示するレートをオファーレート（offered rate）という。直物相場では、この両方で建値するが、この両建て建値することをツーウェイクォーテーションという。よりインターバンク市場に近い公正なレートで取引することができる。ツーウェイプライスとも呼ぶ。

テクニカル

ファンダメンタルな（基礎的な）マーケットの要因に対して、値動きそのものに基づいて予測を立てる分析のこと（ときには、出来高や取組高も分析要因に入れる）。よくファンダメンタル分析と比較対照される。

デッドクロス

デッドクロスとは、テクニカルチャートの基本的な見方の１つで、動きの速い線が動きの緩やかな線を下回ることをいう。移動平均線、MACD、ストキャスティクスなどのテクニカルチャートで使う見方。

デリバティブ（金融派生商品）

その価値が他の金融商品や指数、その他の投資対象のパフォーマンスあるいは値動きから「派生」している金融商品。例えば、株式投資家、慈善家、哲学者。1992年9月16日のポンド危機で、100億ドル以上のポンドの空売りを行い、イングランド銀行を破綻させた。世界でもっとも有名なヘッジファンドマネジャーのひとり。

タイガーファンド

1980年にジュリアン・ロバートソンが創設。ソロスのクォンタムファンドに並ぶ世界最大級のヘッジファンドだった。

タックスヘイブン

税金が免除される、もしくは著しく軽減される国・地域を指す。「租税回避地」とも呼ばれる。ヘイブン(haven)は「避難所」の意。

ダマシ

市場がチャートのシグナルの方向へ行かなかったとき。そのような出来事は反対方向へ大きな動きをする可能性があることを示唆している。

チャーチスト

「相場の動きのすべてはチャートに含まれており、チャートの動きを研究すれば、先々のことも予知・予測できる」という考え方をもつ人のこと。

銭がスプレッドである。

一般的に、多くの市場参加者が取引に参加するほど、スプレッドは小さくなる。ただし、大きな事件が発生したときや、介入などで相場が荒れたときなど市場参加者がリスクに敏感なときは、スプレッドが拡大することがある。

スプレッド（2）

サヤのこと。例えば「トウモロコシと小麦」といった異なる銘柄の価格差、トウモロコシの7月限と12月限のように同銘柄異限月の価格差を指す。先物とその現物の価格差を指すこともある。またサヤ取りという売買自体を意味することもある。

スポット取引

契約した日から2営業日後に通貨の受け渡しをする（資金決済をする）為替のこと。その交換比率がスポットレートである。一般に「為替レート」という場合、ほとんどがスポットレートを指している。日本では直物ともいう。

センチメント

市場全体の心理状況のこと。

ソロス（ジョージ・ソロス）

ハンガリー・ブダペスト生まれのユダヤ系アメリカ人の投機家、

サヤ

相関関係のあるものの価格差。

ショート

売ること、または売ることによってできた建玉のこと。市場の価格が下がることによって利益を上げることができる。また、この言葉は、売りの建玉を持つトレーダーや売りの建玉を保持している状態も指す。

ストップロス

損失を拡大させないために損切りすること。

ストライクプライス

権利行使価格の項参照。

スプレッド（1）

ビッド（買値＝買い取り価格）とアスク（売値＝販売価格）の差のこと。通常のFX業者にドル円のレートを聞いた場合、例えば「101.20―22」とビットとアスクを同時に提示してくるはずだ（ツーウェイプライス）。

これはビッドが101.20円で、オファーが101.22円であることを意味する。つまり、自分は101.20円で手持ちのドルを売ることができるし、107.22円でドルを買うことができる。この差の2

グローバルマクロ

グローバルマクロとは、イベントドリブン、エクイティロング／ショート、リスクアービトラージなどと並ぶヘッジファンドの運用手法の一つ。世界中の国や地域の主要経済トレンドや政治的見通しを重視し、各国の経済、金利、為替などのマクロ指標の予想に基づき機動的にグローバルな投資を行う。

権利行使価格（けんりこうしかかく）

オプション取引の買い方が、権利行使したときに原資産を取引できる価格のこと。＝ストライクプライス。

後場（ごば）

午後の立会。

コール

オプションの一種。約束の期日、または約束の期日までに、あらかじめ決められた数量の対象物をあらかじめ決められた価格で「買う権利」のオプション。

ゴールデンクロス

テクニカルチャートの基本的な見方のひとつで、動きの速い線が動きの緩やかな線を上回ることをいう。移動平均線、MACD、ストキャスティクスなどのテクニカルチャートで使う見方。

でに（アメリカンタイプ）、あらかじめ決められた数量の対象物をあらかじめ決められた価格で売買する「権利」。権利には「買う権利＝コール」と「売る権利＝プット」の２種類がある。為替オプションはインターバンク市場もしくは銀行と顧客の間で取引されている。

カバー

為替の売買ポジションをスクエアー（買いと売りを均等）にする取引のこと。銀行は通常、顧客や銀行との取引で生じたポジションから生じる為替リスクを回避するため、市場で反対取引をしてポジションを消す。インターバンク市場の取引の大半をカバー取引が占める。

買われ過ぎ

価格があまりにも急激に大きく上昇し、下方への調整が今にも入りそうなとき。

クォンタムファンド

1970年に、ジョージ・ソロスとジム・ロジャーズが設立したソロスファンドが前身。10年間で3365％の利益を上げた。現在はクォンタム・エンドウメント・ファンドとなっている。

も参加しており「ドリームチーム」と呼ばれたが、1998年に発生したロシア財政危機によって破綻。

オーダー

注文。

オーバーシュート

為替相場が予想外に大幅な変動を起こした状況。相場が行き過ぎた展開。もともとの意味は、砲弾が標的を越えてしまうこと。

オーバーナイト（ポジション）

翌日に持ち越すポジション。資金市場でオーバーナイトというと、当日から翌日にかけての資金のこと。オーバーナイトコール。為替スワップでのオーバーナイトは、当日と翌日のスワップを指す。オーバーナイトスワップ。

オフショアファンド

タックスヘイブンと呼ばれる国や地域で設定、運用されているファンド。日本国内で設定・運用される投資信託に比べて、課税などの税制面や運用規制面で有利。

オプション

約束の期日（ヨーロピアンタイプ）、または約束の期日の間ま

エキゾチックオプション

通常のオプション取引に特殊ルールを加えたオプション。代表的なものには、バリアーオプション(Barrier Option)とバイナリーオプション（Binary Option)がある。

エマージングマーケット

メキシコ、マレーシア、チリ、タイ、フィリピンなどの発展途上国の金融市場のこと。エマージングマーケットの証券は世界中で最もボラティリティ（価格変動リスク）が高い。莫大な潜在成長力はあるものの、政変、政治腐敗、通貨暴落など、リスクが非常に高い。

エリオット波動

ラルフ・ネルソン・エリオットの理論に基づいた相場分析法。理論の基本は「相場は波を形成しながら動く」というもの。基本的には、大きなトレンドの方向（または相場の行程）で５波から成る進行波動、そして３波から成る修正波動が続く。

ＬＴＣＭ

かつてアメリカ合衆国コネチカット州に本部をおいて運用されていたヘッジファンド。ソロモン・ブラザーズで活躍していたジョン・メリウェザーの発案により設立。ノーベル経済学賞受賞者であるマイロン・ショールズやロバート・マートンといった著名人

柱を基準とする。

移動平均（いどうへいきん）

価格データを滑らかにし、トレンドを認識しやすくするように計算すること。最も基本的なものは単純移動平均であり、今から過去N日間の終値の平均で決められる。加重平均・指数平滑化移動平均は、現在の価格をそれ以前の価格に比べ強調するように特別な加重計算を使っている。

インサイダー取引

相場に影響するような未公開の情報をもとに、その内部者ゆえに知り得る立場の人が売買すること。

インターバンク市場

銀行間市場のこと。外国為替市場は証券取引所のように取引所に監督・運営される物理的な場所ではない。コンピュータ端末や電話で結ばれた「通貨交換のネットワーク」である。そのネットワークの根幹となるのが、大手銀行間で取引するインターバンク市場であり、そこでのレートを「インターバンクレート」と呼ぶ。

売られ過ぎ

価格があまりにも急激に大きく下降し、上方への調整が今にも入りそうなとき。

用語集

アービトラージ

密接に関連した市場間で価格関係にゆがみが生じたとき、同等の売りと買いを同時にすること。裁定取引。

アヤ

一時的で小さな、相場の細かい上下変動のこと。「相場のアヤ」というふうに使われる。

板寄せ（いたよせ）

節取引で、立会開始前にすべて同時注文として扱う取引手法。売りと買いが同数になるまでセリを続けて値段を決める。東京穀物商品取引所などで行われている。

日本の証券取引所で採用されている板寄せは、前述の板合せのことを指して呼ぶ。

一目均衡表（いちもくきんこうひょう）

一目山人氏が７年の歳月をかけ発案した相場予想法。価格変動の必然性は時間であるという一貫した考え方があり、上がったり下がったりする相場の値幅は非存在の時間・空間の中に先験的に存在しているとする。先行スパン、遅行スパン、基準線、転換線、基本数、基本数値、対等数知、準備構成、均衡表計算値の九つの

■著者紹介

柳基善（ユウ・キソン）

1986年にイギリスの銀行の東京支店に入行して以来、ロンドン滞在5年を含め、17年近く銀行の国際金融部門に在籍。主として事業・金融法人向け外国為替営業を担当。東京支店の国際金融営業部長、プライベートバンキング部を経て、2002年に独立。個人の富裕層向け投資コンサルティングに従事した後、2004年からは人材サービスの会社を起こし現在に至る。

2008年 9 月9日 初版第1刷発行

PanRolling Library ㉔

ロンドンＦＸ物語
――部外者立ち入り禁止のディーリングルームから

著　者　柳基善（ユウ・キソン）
発行者　後藤康徳
発行所　パンローリング株式会社
〒160-0023　東京都新宿区西新宿7-9-18-6F
TEL 03-5386-7391　FAX 03-5386-7393
http://www.panrolling.com/
E-mail　info@panrolling.com
装　丁　パンローリング装丁室
印刷·製本　株式会社シナノ

ISBN978-4-7759-3060-1

ＦＸトレーディング

ＦＸトレーディング
著者：キャシー・リーエン
定価：３８００円＋税

世界最大の市場である外為市場特有の「おいしい」最強の戦略が満載！　テクニカルが一番よく効くＦＸ市場を征服するには……。

実践ＦＸトレーディング
著者：イゴール・トシュチャコフ（Ｌ・Ａ・イグロック）
定価：３８００円＋税

驚異的なＦＸサクセスストーリーを築き上げた手法は予測を排した高勝率戦略にあった。勘に頼らず、簡単明瞭な「イグロックメソッド」を公開。

為替サヤ取り入門
著者：小澤　政太郎
定価：２８００円＋税

価格の「値幅」から収益を上げる究極の低リスク・ミドルリターン投資法であるサヤ取り（スプレッド）のポイントとは。

矢口新のトレードセンス養成ドリル
著者：矢口　新
定価：１５００円＋税

本書は、自分の頭を使って考える相場の「基礎体力」をつけるうえで必要な理論とさまざまなケースを紹介。「基礎体力」をつけて相場の土台を作ろう。

DVD　テクニカル分析を徹底活用ＦＸトレード実践セミナー
著者：鈴木　隆一
定価：２８００円＋税

個人トレーダーが増えたＦＸ市場について、本セミナーでは、テクニカル分析を融合した高確率なＦＸトレード法を解説。

DVD　スペシャリストが教える！豪華二本立て「ＦＸ即実践マニュアル」
著者：野村　雅道／山中　康司
定価：３８００円＋税

金利を受取るスワップ取引や売買タイミングを捉える為替チャートで稼ぐ方法などＦＸが即、実践できるよう分かり易く解説。